IOANNA SALAJAN
SITA CORNELISSEN

BACH-BLÜTENTHERAPIE – ZUBEREITUNGEN UND ANWENDUNGEN

AURUM VERLAG
FREIBURG IM BREISGAU

Der Titel der bei Uitgeverij Ankh-Hermes bv, Deventer, erschienenen niederländischen Originalausgabe lautet:
WERKBOEKJE VOOR DE THERAPIE MET DE BACH BLOEMEN REMEDIES.
Die deutsche Übersetzung besorgte Susanne George.

CIP-Titelaufnahme der Deutschen Bibliothek

Salajan, Ioanna:
Bach-Blütentherapie : Zubereitungen und Anwendungen/
Ioanna Salajan ; Sita Cornelissen. [Die dt. Übers. besorgte
Susanne George]. – Freiburg im Breisgau :
Aurum Verlag, 1989.
Einheitssacht.: Werkboekje voor de therapie met de Bach
bloemen remedies ‹dt.›
ISBN 3-591-08284-8
NE: Cornelissen, Sita:

1. Auflage 1989
2. Auflage 1990
ISBN 3-591-08284-8

Gesamtherstellung:
Benziger AG, Graphisches Unternehmen,
Einsiedeln/Schweiz.
Printed in Switzerland.

Inhalt

Vorwort

Dieses Buch ist aus dem Wunsch entstanden, ein handliches Lehr- und Arbeitsbuch zur Verfügung zu haben, das uns mit den Bach-Blütenheilmitteln vertraut macht und befähigt, uns und anderen eine Diagnose zu stellen und um Informationen reicher zu werden. Wir haben dabei sowohl von den bereits in verschiedenen Büchern (siehe *Literaturhinweise*) vorhandenen Fakten als auch von im Laufe der Jahre gewonnenen Erfahrungen Gebrauch gemacht.
In kurzer Form wird der gedankliche Hintergrund der Therapie skizziert und auf die Herstellungsweisen, die Wirkung der Essenzen und was von ihnen zu erwarten ist, die Diagnose, die Zubereitung der Heilmittel und die verschiedenen Anwendungsmöglichkeiten eingegangen. Im folgenden werden häufig auftretende Fragen und Probleme behandelt. Danach finden Sie eine Übersicht der Schlüsselwörter der Blüten. Schließlich wird jede Blüte mit ihren Schlüsselwörtern, einem Repertorium und den sogenannten transformierenden Eigenschaften einzeln aufgeführt. Außerdem enthält das Buch einige praktische Tips und Ratschläge. Zu beachten ist, daß die englischen Blütennamen verwandt wurden. Diese sind aus praktischen Gründen nicht übersetzt, da die Fläschchen mit den Essenzen, die Sie aus England erhalten, Etiketten mit (selbstverständlich) englischer Beschriftung haben. Es würde zu sehr verwirren, wenn man in diesem Buch von den deutschen Namen aus-

geht. Für interessierte Leser ist jedoch hinter jedem englischen Blütennamen in Klammern die deutsche Übersetzung angegeben. Am Ende des Buches, auf den Seiten 100ff., findet sich jedoch zusätzlich eine alphabetische Auflistung der deutschen und der englischen Pflanzennamen, jeweils um die anderssprachige und die lateinische Bezeichnung ergänzt.
Für die Zusammentragung der Informationen über die Blütenheilmittel ist zum großen Teil Ioanna Salajan verantwortlich. Sie hat zu Beginn der siebziger Jahre als eine der ersten die Bach-Blütentherapie in den Niederlanden bekanntgemacht. Ihr als Lehrerin haben viele, unter anderem ich selbst, sehr viel zu verdanken. Ich habe versucht, die Anwendung und Nutzung dieser Methode leicht zugänglich zu machen, damit, wie ich hoffe und wie es auch Dr. Bach beabsichtigt hat, jedem, der hiermit in Berührung kommt, eine Möglichkeit geboten wird, selbständig einen Schritt auf dem Weg zur Ganzwerdung tun zu können. Ich hoffe, daß jeder, der auf allen Ebenen seines Menschseins ernsthaft Harmonie sucht, dabei erfolgreich ist.

Amstelveen | Sita Cornelissen

Einleitung

Das Bach-Blütenheilmittel-System ist eine einfache und natürliche Heilmethode, die auf 38 verschiedenen Blüten wildwachsender Pflanzen, Sträucher und Bäume basiert. Man benötigt kein Fachwissen für die Anwendung der Heilmittel bei sich selbst und anderen. Sie sind alle unschädlich, haben keine unerwünschten Nebenwirkungen, führen nicht zur Gewöhnung oder Sucht und können neben anderen Therapieformen angewandt werden.

Diese Therapie verdankt ihren Namen dem Entdecker Dr. Edward Bach. Bach wurde 1886 in Moseley bei Birmingham geboren und starb 1936 in Sotwell bei Wallingford in Berkshire, in einem kleinen Haus, »Mount Vernon« genannt, in dem sich noch immer das Bach-Zentrum befindet. Er war über zwanzig Jahre als Arzt, Bakteriologe und Homöopath in London tätig. Durch intensives Studium, seine Hellsichtigkeit und sein großes Einfühlungsvermögen gelangte er zu der Erkenntnis, daß die wirkliche Ursache einer Krankheit nicht so sehr in den vielen physischen Symptomen gesucht werden sollte, sondern vielmehr in den negativen psychischen Verfassungen, unter denen ein Mensch leiden kann. Im Jahre 1930 gab er seine Praxis auf, um sich während der letzten sechs Jahre seines Lebens ganz der Suche nach den Blütenheilmitteln zu widmen. Er entwarf sieben Kategorien, denen er 38 verschiedene negative Stimmungen und Gemütsverfassungen zuordnete (s. S. 46f.). Er

wanderte über die Felder und Landwege und ließ sich zu der Blüte führen, deren heilende Eigenschaften er in sich selbst fühlen konnte. Auf diese Weise fand er für jeden psychischen Zustand das passende Heilmittel.
Sein Leben und seine Entdeckungen werden in der Biographie von Nora Weeks (siehe Literaturangaben) ausführlich beschrieben.

1. Wirkungsprinzip und Herstellungsweisen der Blütenessenzen

Die starke und heilende Wirkung der Blütenheilmittel beruht auf dem Zusammenspiel der vier Elemente in der Natur: Erde, Feuer, Wasser und Luft. Bäume, Pflanzen und Sträucher wachsen und blühen optimal, wenn folgende Voraussetzungen erfüllt sind: die geeignete Erde, Sonne (Feuer) und (Regen)wasser zur richtigen Zeit und (saubere) Luft. Bei der Herstellung werden diese vier Elemente berücksichtigt, wodurch die Heilmittel ihre höchstmögliche Wirkung erhalten.

Es gibt zwei Herstellungsmethoden: die Sonnenmethode und die Kochmethode.

Bei der ersten Methode werden die Blüten auf dem Höhepunkt ihres Blühens gepflückt, wobei man darauf achten muß, daß die menschliche Hand und auch der menschliche Schatten die Blüten nicht berühren. Es versteht sich von selbst, daß man hierzu einen klaren, sonnigen Tag wählt. Die Blumen werden in eine dünne Glasschale gelegt. Dann wird reines Quellwasser hinzugegeben, bis die gesamte Oberfläche bedeckt ist. Das Gefäß läßt man einige Stunden auf der Erde in der Sonne stehen, bis die Blüten zu verwelken beginnen. Das Wasser ist dann »potenziert«. Nachdem man die Blüten entfernt hat, wird die Flüssigkeit in Flaschen gefüllt, die zur Hälfte Brandy als Konservierungsmittel enthalten. Bei der Kochmethode wird die Sonne durch das Feuer eines Ofens ersetzt. Die Flaschen bilden nun den »Stock«, den Vorrat. Eines der Heilmittel wird nicht aus Blüten hergestellt: Rock Water (siehe dort). Es wird aus einer reinen, von Menschen nicht aufgesuchten Quelle gewonnen.

2. Wie wirken die Heilmittel?

Die stoffliche Zusammensetzung des Menschen ist abgestuft; der sichtbare Körper repräsentiert die größte stoffliche Verdichtung. Dieser Körper ist der »irdische Tempel«, den die Seele, das Selbst, bewohnt und durch den sie handelt. Unsere Gedanken, Empfindungen und Emotionen, die gemeinsam unsere Persönlichkeit bilden, »färben«, filtern sozusagen die Lebensenergie, die von einer höheren Ebene ausgeht, bevor sie schließlich in den physischen Körper aufgenommen wird.

Krankheiten, Leiden und kleinere Beschwerden müssen als Signale oder Wegweiser eines inneren Konflikts verstanden werden. Wir können an diesem Konflikt arbeiten, indem wir ein tieferes Bewußtsein über uns selbst aufbauen und den Versuch unternehmen, uns selbst zu entwikkeln und zu wachsen. Die Blütenheilmittel können dabei helfen, die Blockaden oder anderen Störungen zu beseitigen, bevor sich diese Disharmonien in irgendeiner Krankheit oder einem Leiden im Körper manifestieren. Auf diese Weise dienen die Heilmittel der *Vorbeugung,* was immer besser ist als die Heilung einer bereits vorhandenen Krankheit. Anders ausgedrückt: Die heilenden Qualitäten oder Eigenschaften einer bestimmten Blüte können den positiven Teil (in diesem Buch wird er *transformierende Eigenschaften* genannt) in uns selbst verstärken und zum Bewußtsein bringen, so daß Energie frei wird, um den negativen Aspekt erkennen bzw. wiedererkennen, begreifen, akzeptieren und integrieren zu können. Zum Beispiel: Wenn jemand ängstlich ist (negativer Aspekt), wird er Mut brauchen (positiver Aspekt), wenn er sich schwach fühlt (negativ), braucht er Stärke (positiv), wenn er besorgt ist (negativ), Vertrauen (positiv), wenn er angespannt ist, Entspannung usw. Wenn eine Krankheit aufgetreten ist, können die Heilmittel dabei helfen, ein negatives Gemüt zu harmonisieren, so daß allmählich auch der Körper wieder gesund wird und ins Gleichgewicht kommt. Ausführlichere Informationen über die Gedankenwelt Dr. Bachs erhalten Sie in seinem Buch *Heal Thyself*.

3. Was können wir von den Heilmitteln erwarten?

Die Bach-Therapie erhebt nicht den Anspruch, alle Krankheiten heilen zu können. Sie kann jedoch Schmerzen lindern, Vertrauen herstellen, einen Heilungsprozeß beschleunigen usw. und auch die Genesung von einer körperlichen Krankheit bewirken. Es wird ebenfalls deutlich sein, daß bei ernsthaften terminalen oder erblichen Krankheiten der Gebrauch der Heilmittel nicht zu einer Genesung des Körpers führen wird. Aber auch dann können die Blütenheilmittel sehr wertvoll sein. Sie können beispielsweise dabei helfen, daß ein Mensch sein Schicksal tragen kann, oder einen Krankheitsverlauf in der Weise begleiten, daß die Person psychische Harmonie erreichen oder aufrechterhalten kann. In jedem Fall müssen wir die *Person* als Ganzes behandeln, sagte Dr. Bach, und nicht das Symptom.

Ob wir nun die Heilmittel bei Krankheit oder zur Vorbeugung einer Krankheit anwenden: Es ist nicht immer möglich, ihre Wirkung vorauszusagen. Häufig wird kein unmittelbarer Effekt bemerkt werden, manchmal treten ein Gefühl von Entspannung und Erleichterung oder auch plötzliche Einsichten oder Veränderungen auf. Dies ist abhängig von der Empfindlichkeit einer Person oder der Entwicklungsphase, in der er oder sie sich befindet. Auch der Zeitfaktor ist von Bedeutung, zum Beispiel wie lange schon ein bestimmtes Leiden physisch, emotional oder mental vorhanden ist. Es kann sein, daß neue,

andere Konflikte auftreten. Außerdem ist es möglich, daß nach einer deutlichen Verbesserung ein Stillstand oder sogar ein Rückfall eintritt. Die Bach-Blütenheilmittel wirken nacheinander auf jede Ebene ein, genau abgestimmt auf die notwendigen Entwicklungen des Individuums, in seinem eigenen Tempo und zu seiner persönlichen (richtigen) Zeit. Es wird auch nicht immer angenehm sein, der Realität ins Auge sehen zu müssen, also daß wir egozentrisch, nörglerisch, herrschsüchtig, hochmütig oder ängstlich sein können. Es hängt von der *Intention,* dem Willen und der Motivation ab, wie die Reaktion sein wird.
Auf die Dauer wirkt eine tiefere Erkenntnis befreiend. Wir sollten imstande sein, sie zu verkraften. Edward Bach drückte es so aus: Die Blütenheilmittel wirken gemeinsam mit unserem inneren Führer und Lehrer, der Seele, die immer mit uns und uns voraus ist.

4. Wie stellen wir eine Diagnose?

Eine Diagnose ... für uns selbst

Es ist sicher sinnvoll, wenn uns zu Anfang eine Person, die die Bach-Heilmittel genau kennt und regelmäßig verordnet, hilft und Erklärungen gibt. Doch schon bald wird man sich eine eigene Grundausstattung Heilmittel anschaffen und vielleicht auch nach einiger Zeit anderen helfen wollen. Da die Heilmittel keine nachteiligen Reaktionen auslösen können, ist ihre Anwendung für jedermann risikolos.
Wenn Sie Mittel für ihre eigenen Bedürfnisse auswählen wollen, suchen Sie am besten einen ruhigen Ort auf, an dem Sie nicht gestört werden, und fragen sich selbst: Bin ich ängstlich, mutlos, abwesend, unsicher, allein, überempfindlich oder übertrieben besorgt? Bin ich unglücklich, und wenn ja, warum? Bin ich intolerant, böswillig, gereizt, depressiv, müde, nervös oder angespannt? Vielleicht schreiben Sie das, woran Sie arbeiten möchten, in kurzen Sätzen oder stichwortartig auf. Lesen Sie die Einteilung von Dr. Bach (siehe S. 46) oder die Auflistung auf Seite 49, die wir zusammengestellt haben, um eine Diagnose zu erleichtern. Oder schauen Sie sich den Index der Schlüsselwörter (S. 53) an und notieren Sie das oder die gefundenen Heilmittel. Schlagen Sie dann die Seite nach, auf der das betreffende Heilmittel ausführlicher dargestellt wird, und sehen Sie nach, ob die Beschreibung zutrifft, ob Sie eine

gewisse Verbindung fühlen und sich darin wiedererkennen. Nicht alle im Repertorium genannten Begriffe müssen auf Sie zutreffen. Lassen Sie auf alle Fälle möglichst oft die Schlüsselwörter ausschlaggebend sein! Wenn Sie sich nicht zwischen zwei Heilmitteln entscheiden können, dürfen Sie auch beide nehmen: Im Fall von Dominanz kann es zum Beispiel geschehen, daß Sie sowohl *Vine* (»dominierend« steht unter den Schlüsselwörtern) als auch *Vervain* (»dominierend« steht im Repertorium) anwenden können. Beide »ziehen sie an«. Oder wenn Sie sich bei Angst unschlüssig sind, ob Sie *Aspen*, bei vagen Ängsten, oder *Mimulus,* bei Angst vor bestimmten Dingen, nehmen sollen. Bei Gereiztheit: *Beech* oder *Impatiens*. Machen Sie kein allzu großes Problem daraus, sondern nehmen Sie beide. Falls Sie sich nie zwischen zwei Heilmitteln entscheiden können, nehmen Sie *Scleranthus* (gegen Unentschlossenheit).
Meistens werden Sie mehr als nur ein Heilmittel finden. Es ist ratsam, nicht mehr als sechs verschiedene gleichzeitig anzuwenden.

Eine Diagnose ... für andere

Bevor Sie damit beginnen, für andere eine Diagnose zu stellen, sollten Sie sich zunächst fragen, *weshalb* Sie das gerne möchten: Wollen Sie wirklich anderen helfen, oder spielt dabei auch ein gewisses Geltungsbedürfnis oder Minderwertigkeitsgefühl eine Rolle? Ist der Beweggrund vielleicht Einsamkeit? Das muß Sie nicht unbedingt davon abhalten, aber es ist trotzdem sinnvoll, wenn Sie sich das aufrichtig eingestehen und eventuell Konsequenzen daraus ziehen.
Im allgemeinen gilt auch, daß wir warten müssen, bis wir um Hilfe gebeten werden. Die Frage

selbst ist sicheres Zeichen dafür, daß die Person bereit ist, an ihrem Problem zu arbeiten. Man muß unbedingt auf dieses Zeichen warten, denn es bedeutet, daß er oder sie sich auch ändern und verbessern *will* und daß er oder sie falsche Eigenschaften in, wie Bach sagte, Tugenden (nicht immer bewußt!) verwandeln will, wie schwierig das auch ist oder als wie schwierig es sich erweisen wird. Deshalb muß man die Frage, ob man jemandem etwas ohne sein Wissen verabreichen kann (beispielsweise »heimlich« in seinen Tee geben), mit »nein« beantworten, wenn es auch dem »Opfer« keinen Schaden zufügen kann. Kleine Kinder, Tiere und Pflanzen kann man dagegen nicht um Erlaubnis bitten.
Aber für sie tragen wir die Verantwortung, und so müssen wir auch gewissenhaft und verantwortungsvoll auswählen und vorgehen. Manche nennen diese Handlungsweise »Karma«, das sowohl ein gutes als auch ein schlechtes Karma sein kann.
Es ist nicht nötig, Babys Tropfen aus den Fläschchen zu geben, außer in Extremfällen (zum Beispiel Geburtsschwierigkeiten). Meistens reicht es schon, die betreffende Vorratsflasche (häufig *Rescue Remedy,* siehe dort) in die Wiege oder das Bettchen zu legen. Auch indirekt über die Mutter (die Mutter nimmt oral das betreffende Heilmittel) kann eine heilsame Wirkung eintreten. Geben Sie ihrem Baby oder Kleinkind also nicht sofort *Crab Apple* (Reinigungsheilmittel), wenn es unter Verstopfung leidet.
Wie gehen wir nun vor, wenn uns jemand darum bittet, für ihn Heilmittel auszusuchen? Im folgenden beschreiben wir einige Vorgehensweisen, bei denen wir fünf Möglichkeiten der Diagnose unterscheiden können:
Ihre Arbeit beginnt schon dann, wenn Ihr

Klient hereinkommt und sich hinsetzt. Welchen Eindruck haben Sie von ihm/ihr: nervös, angespannt, verlegen, unbeholfen, übermütig? Auch während des Gesprächs beobachten und notieren Sie ständig im Kopf Verhaltensweisen: erröten, stottern oder stammeln, zögernd, abwesend usw. Oder Sie achten auf bestimmte Körperhaltungen: Kopf gebeugt, Schultern hochgezogen, Arme verschränkt usw. Auch die Stimme ist von Bedeutung: sanft, laut, scharf, umschlagend usw. Diese Beobachtungen (1) sollen Ihre Diagnose erleichtern.

Sie lassen die Person zuerst selbst ihre Geschichte erzählen oder helfen ihr dabei. Während des Gesprächs versuchen Sie bereits, mit Hilfe von sogenannten »gezielten« Fragen Heilmittel auszuwählen, das heißt, Ihre Fragen müssen so gestellt werden, daß es Ihnen möglich ist, aus den Antworten die Heilmittel »herauszuhören« (2). Vermeiden Sie es, Ihre eigene Erfahrungen als Ratschläge einzubringen, indem Sie zum Beispiel sagen: »Oh, das habe ich auch gehabt, und damals habe ich einfach dieses oder jenes getan ...« Oder: »Oh, das kenne ich auch, aber das ist doch nicht so schlimm, oder?« Sie müssen immer davon ausgehen, daß das, was die Person als Last empfindet, auch wirklich als Last oder Leiden erfahren wird, wie trivial es Ihnen auch erscheinen mag. Für Sie ist es allein wichtig, die geeigneten Heilmittel zu finden. Hüten Sie sich auch davor, den Pseudo-Psychotherapeuten zu spielen! Danach können Sie von Ihrem Einfühlungsvermögen (Empathie) Gebrauch machen (3), vorausgesetzt, das dieses zu Ihren Talenten gehört. Sie fragen zum Beispiel, ob der Patient damit einverstanden ist, daß Sie sich in einer kurzen Meditation auf ihn/sie einstellen. Sie machen sich selbst »leer« und lassen dann in sich aufkommen, was für diese Person

»notwendig« ist. Manche Menschen sind in der Lage, Heilmittel in sich selbst zu fühlen oder die Namen zu »wissen«, ohne deren Bedeutung genau zu kennen. Diese muß dann hinterher festgestellt werden. Auch Gefühle wie Kummer, Angst, Hast usw. können aufgefangen werden, woraufhin man das passende Heilmittel oder mehrere Heilmittel aussucht. Für alle Arten der Diagnose, aber vor allem für diese und die beiden folgenden, ist jedoch eine sehr gute Intuition die Voraussetzung!

Sie können beispielsweise die Schachteln, in denen sich die Heilmittel befinden, neben sich hinstellen und dann mit der Hand oder den Fingern über die Fläschchen streichen, wobei Sie sich voll auf die Person konzentrieren. Ihre fühlenden Finger können auf diese Weise die passenden Heilmittel herausfinden. Diese »Kunst« beruht auf der Vibrationsempfänglichkeit der Finger oder der Hand (4). Als letzte Möglichkeit nennen wir das Pendeln (5). Dazu kann sich jeder ein Buch über die Kunst des Pendelns besorgen oder seine eigene Methode entwickeln.

Die Wahl einer dieser fünf Methoden müssen Sie mit der betreffenden Person besprechen: welcher Methode sie zuneigt und (wichtig!) ob sie damit arbeiten will. Danach bereiten Sie die Heilmittel zu und geben Anweisungen für den Gebrauch. Entweder treffen Sie eine zweite Verabredung oder überlassen es der Person selbst, noch einmal Kontakt mit Ihnen aufzunehmen. So kann sie selbst entscheiden, ob sie wiederkommen will oder nicht. Bei einer Methode wie dieser ist das wichtig.

Das Ganze muß nicht länger als eine Stunde dauern. Vor allem am Anfang ist es sinnvoll, eine bestimmte Zeitdauer festzulegen. Sehr schnell kann eine solche Sitzung »ausufern«

(wenn Sie zum Beispiel eine gute Verbindung fühlen), und das ist für beide Parteien letztlich ermüdend.
Bei allen Methoden, die Sie anwenden, gilt das Motto: Benutzen Sie ihren gesunden Menschenverstand. Machen Sie es nicht komplizierter, als es ist. Auch wenn Sie hauptsächlich mit Intuition arbeiten, müssen die Vorgänge für den anderen immer nachvollziehbar sein. Sagen Sie ehrlich, wenn Sie zu keinem Ergebnis kommen. Bitten Sie eventuell die Person, wiederzukommen, so daß Sie die Situation noch einmal in Ruhe überdenken können. Halten Sie während der gesamten Sitzung Papier und Bleistift bereit, um sich Notizen machen zu können. So kann man die Gedanken ordnen und eventuell später nochmals auf sie zurückkommen.

Diagnostische Probleme und die helfenden Heilmittel

Sie haben mit den Heilmitteln sehr großen Erfolg gehabt, Sie sind hellauf begeistert, Sie haben die Neigung, jedem diese Heilmittel aufzudrängen: Nehmen Sie *Vervain*.
Sei nehmen die Heilmittel regelmäßig ein und sind insgeheim der Meinung, daß andere sie eigentlich auch nehmen sollten: Nehmen Sie *Rock Water*.
Sie sind sehr kritisch gewesen und haben ihre Gereiztheit während der Sitzung kaum unterdrücken können: Nehmen Sie *Beech*.
Sie fragen nach zwei Tagen die Person, der Sie ein Heilmittel gegeben haben, ob sie schon etwas »merkt«: Nehmen Sie *Impatiens*.
Sie haben sich sehr eingesetzt, Sie hören nichts von der Person, noch nicht mal ein Dankeschön: Nehmen Sie *Chicory*.

Sie werden dafür sorgen, daß das Problem des anderen schnell gelöst wird durch das Heilmittel, das Sie sofort zubereiten: Nehmen Sie *Vine*.
Sie fühlen sich dafür verantwortlich, daß die Heilmittel nicht erwartungsgemäß gewirkt haben, Sie haben sicher eine falsche Diagnose gestellt: Nehmen Sie *Pine*.
Sie ziehen sich zurück und denken, »dann müssen sie es eben selbst wissen«: Nehmen Sie *Water Violet*.
Nach einem mißglückten Versuch (der wievielte schon?), der Person zu helfen, fühlen Sie sich entmutigt, und Sie zweifeln, ob die ganze Therapie von Bach nicht nur Einbildung ist: Nehmen Sie *Gentian*.
Sie fühlten sich müde, aber um dem anderen einen Gefallen zu tun, haben Sie dennoch eine Diagnose gestellt: Nehmen Sie *Centaury*.

5. Anleitungen

Wie stellen wir die Heilmittel her?

Füllen Sie in ein Fläschchen (30 ccm), versehen mit einer Pipette (in der Apotheke erhältlich), *Quellwasser* (Spa, Vichy u.ä.) und zehn Tropfen *Brandy* als Konservierungsmittel. Wenn Sie selbst oder derjenige, für den Sie das Fläschchen zubereiten, Bedenken gegen den Brandy haben – ihn nicht mögen, Alkohol ablehnen oder nicht vertragen –, lassen Sie ihn einfach weg. Stellen Sie das Fläschchen nicht auf die Heizung oder in die Sonne. Man sagt, daß Dr. Bach Brandy verwandte, weil dieser in Fässern aus Eichenholz gelagert wird, d.h. in einem natürlichen Material.
Von den ausgewählten Heilmitteln nehmen Sie *zwei Tropfen* aus den Vorratsfläschchen und geben diese in das Wasser (30 ccm). Vom *Rescue Remedy* (siehe dort) nehmen Sie *vier Tropfen*. Das Fläschchen wird mit einem Etikett versehen, auf dem der Name des Heilmittels angegeben ist.

Wie oft, wieviel und wann?

Im allgemeinen empfehlen wir eine wenigstens *viermal tägliche* Einnahme, über den Tag verteilt. Das beste ist jedoch, wenn man eine Art eigenen Kontakt zu den Heilmitteln entwickelt, so daß man »fühlt«, wann und wie oft man sie nehmen will. Und das kann viel öfter als viermal täglich sein!

Man nimmt *vier Tropfen* direkt aus dem fertigen Fläschchen und hält sie kurz unter der Zunge. Die Pipette sollte nicht mit Mund oder Zunge in Berührung kommen. Man kann auch vier Tropfen auf einen Löffel Wasser oder in ein Glas Wasser geben. Der Zeitpunkt der Anwendung muß selbst bestimmt werden. Manche Menschen haben keine guten Erfahrungen mit der Einnahme kurz vor dem Zubettgehen gemacht. Andere empfehlen genau das! Also selbst fühlen und bestimmen!

Das Auskochen der gebrauchten Fläschchen

Erbitten Sie die Fläschchen, in die Sie die Heilmittel gefüllt haben, zurück, damit sie noch einmal benutzt werden können. Sie müssen dann allerdings ausgekocht werden. Die Fläschchen und Pipetten werden in kochendem Wasser (einen Schuß Essig gegen Kalkablagerungen zugeben) sterilisiert und danach im heißen Backofen getrocknet. Die Kunststoffverschlüsse müssen mit einem möglichst umweltfreundlichen Reinigungsmittel gesäubert und danach gründlich ausgespült werden. Auf keinen Fall in kochendes Wasser legen oder im Backofen trocknen!

Eine alternative Anwendung

Auch bei alltäglichen, vorübergehenden Beschwerden oder Stimmungen können wir die Heilmittel wirkungsvoll einsetzen. Geben Sie vier Tropfen des gewünschten Heilmittels aus dem Vorratsfläschchen in ein halbes Glas Wasser und trinken Sie es in kleinen Schlucken, bis die negative Stimmung verschwunden ist; bei Bedarf – wiederholen. Ein Beispiel: Steht Ihnen ein Zahnarztbesuch bevor, dem Sie mit Schrekken entgegensehen? Dann brauchen Sie Mut! Nehmen Sie vier Tropfen *Rock Rose* auf die oben beschriebene Weise ein. Sie werden sehen, daß das hilft. – Sie müssen eine schwierige Sache, die nicht aufgeschoben werden kann, bewältigen, haben jedoch das Gefühl, es nicht zu schaffen. Nehmen Sie in diesem Fall *Larch* gegen mangelndes Selbstvertrauen und Verzweiflung, und nehmen Sie die Sache in Angriff!

Diagnosen für Pflanzen und Tiere stellen

So wie jedes Lebewesen können auch Pflanzen und Tiere unter Angst, Schock, Verzweiflung, Groll usw. leiden. Eine Diagnose stellen Sie ebenso wie bei Menschen, d.h. Sie fragen: Worunter leidet die Pflanze oder das Tier? Wie »fühlt« die Pflanze oder das Tier? Verlangt zum Beispiel der Hund ständige Beachtung und akzeptiert außer seinem Herrchen keine anderen Personen? Dann scheint *Chicory* das richtige Heilmittel zu sein. Ist das Tier unruhig oder ängstlich? In diesem Fall kann *Mimulus* angewandt werden. Katzen, die nachtragend oder launisch sind, bekommen *Water Violet* oder *Willow*. Auch einer Pflanze kann auf diese Weise geholfen werden: *Wilde Rose* beispielsweise, wenn die Pflanze nicht richtig wächst; *Vine*, wenn sie andere Pflanzen zu überwuchern droht; *Crab Apple* (Reinigungsheilmittel) gegen Blattläuse oder Krankheiten.

Wo und wie bestellen wir die Heilmittel?

Sie können Ihre Bestellung direkt an das Dr. Bach Centre in England richten. Damit klammern sie den Zwischenhandel aus, durch den die Heilmittel ja zwangsläufig in Kontakt mit anderen Personen geraten. Die Adresse lautet: The Dr. Edward Bach Centre, Mount Vernon, Wallingford, Oxon. OX10 OPZ; England.

Dort erhalten Sie alle erforderlichen Informationen und, auf Anfrage, ein Bestellformular (Order form) mit der nötigen Übersicht über die Produkte und ihre Preise. Nach Begleichung der Rechnung durch Postanweisung werden Ihnen die Heilmittel und/oder Bücher zugesandt.

6. Das *Rescue Remedy* oder Erste-Hilfe-Heilmittel

Dr. Edward Bach kombinierte fünf Blütenheilmittel und nannte diese Mischung *Rescue Remedy*. Dieses Heilmittel kann bei jedem Notfall angewandt werden: großem Kummer, schlechten Nachrichten nach einem (kleinen oder großen) Unglück usw. Bei diesen akuten Fällen kann es sehr wirksam sein. Es befreit von Angst, stellt das Vertrauen wieder her und beruhigt. Dieses Heilmittel sollten Sie immer bei sich haben!
Das Mittel besteht aus:

Star of Bethlehem (gegen Schock)
Rock Rose (gegen Panik)
Impatiens (bei seelischen Spannungen)
Cherry Plum (gegen Verzweiflung, Angst davor, die Kontrolle zu verlieren).
Clematis (gegen Schwäche, Bewußtlosigkeit).

Geben Sie vier Tropfen in ein Glas Wasser oder Fruchtsaft und trinken Sie dieses langsam in kleinen Schlucken aus. Oder nehmen Sie die Tropfen direkt aus dem Fläschchen zu sich, solange das nötig ist. Man kann auch vier Tropfen in etwas Wasser viermal täglich einnehmen. Ist der Patient bewußtlos, kann man den Mund, die Stirn, das Handgelenk oder eine andere Stelle mit dem Heilmittel einreiben.
Das *Rescue Remedy* gehört nicht zu den 38 Heilmitteln der Grundausstattung, sondern wird extra geliefert. Wenn es als Bestandteil anderer

Heilmittel gebraucht wird, zählt es als *ein* Heilmittel und nicht als fünf.

Das *Rescue Remedy* ist auch in Salbenform erhältlich. Diese Salbe ist sehr gut geeignet für Insektenstiche, Brandwunden, verstauchte Fuß- und Handgelenke, schmerzende blaue Flecken und andere leichte (Haut)verletzungen.

Die Anwendung des *Rescue Remedy* ersetzt natürlich nicht eine eventuell notwendige medizinische Versorgung!

7. Einige besondere Zusammensetzungen

Am ***ersten Schultag*** Ihres Kindes können Sie ihm folgende Heilmittel geben:
Honeysuckle (bei Heimweh)
Mimulus (bei Angst vor der neuen Situation, Unsicherheit)
Walnut (bei Veränderung der Umgebung, Beginn einer neuen Lebensphase)
Olive (bei Erschöpfung aufgrund obengenannter Gemütsverfassungen)

Für den ***Garten:***
Rescue Remedy
Walnut (Schutz vor äußeren Einflüssen)
Crab Apple (Reinigung, gegen Schimmel, Insekten usw.)

Für ***Schnittblumen:***
Rescue Remedy
Wild Rose (bei Apathie, hängenden Köpfen, im Winter)
Walnut (bei Veränderung der Umgebung)

Heilmittel für die ***Reise:***
Rescue Remedy
Scleranthus (bei Gleichgewichtsproblemen)

Man kann sich auch selbst Heilmittel zusammenstellen, zum Beispiel für eine **Prüfung:**

Larch (bei mangelndem Selbstvertrauen und dem Gefühl, nicht bestehen zu können) und/oder

White Chestnut (bei Konzentrationsschwäche) und/oder
Rescue Remedy und/oder
Rock Rose (bei Panik) und/oder
Gentian (wenn man zweifelt und mutlos ist).

8. Einige nützliche Hinweise

Hornbeam (bei Müdigkeit) ist sehr wirksam, wenn die Müdigkeit in einer sogenannten Gentian-Stimmung (bei Zweifeln und Depression) auftritt. Manchmal haben wir das Gefühl, daß wir alle Heilmittel gebrauchen könnten oder aber daß kein einziges von ihnen geeignet ist. Manchmal scheint eine Behandlung auch zu einem Stillstand oder Rückfall zu führen. In solchen Fällen können drei verschiedene Heilmittel hilfreich sein:

Holly für aktive, intensiv fühlende Menschen bei tiefliegenden emotionalen Blockierungen.
Wild Oat für den eher passiv veranlagten Menschen bei Unentschlossenheit.
Star of Bethlehem (wird auch »der Tröster« genannt) bei (vergessenen) Traumata und Schocks.

Außerdem kommen in Betracht:
Gentian, um einen vorübergehenden Rückfall bei einer Krankheit überstehen zu können.
Gorse oder *Oak* bei chronischen Fällen (wenn auch diese beiden Heilmittel unterschiedlich eingesetzt werden: Gorse, wenn jemand aufgegeben hat, und Oak, wenn sich jemand quält, aber nicht aufgibt).

9. Bach-Blüten kennenlernen

Es wird eine gewisse Zeit dauern, bis Sie die Namen der Blüten und die Eigenschaften, für die sie stehen, kennengelernt und sich zu eigen gemacht haben. Sie müssen vor allem lernen, die »Atmosphäre« einer bestimmten Blüte zu erfühlen. Um sich darin zu üben, können sie zum Beispiel versuchen, für Personen ihres Freundeskreises bestimmte Heilmittel auszusuchen, selbstverständlich ohne diese ungefragt aufzudrängen. Sie dürfen noch nicht einmal anklingen lassen, daß Sie genau wissen, was ihm oder ihr fehlt! Es sollte für Sie nur eine Übung sein, um bestimmte Typen unterscheiden zu können, mehr nicht! Julian Barnard gibt uns in seinem Buch *A guide to the Bach Flower Remedies* einige Anregungen, wie wir unsere Kenntnis erweitern können. Er empfiehlt uns, für bestimmte Typen aus (klassischen) Dramen Blütenheilmittel auszuwählen. Der Hamlet von Shakespeare ist zum Beispiel eine dankbare Figur:
Scleranthus für Unentschlossenheit, *Mustard* für seine tiefen Depressionen usw. Auch Fernsehserien und Kinofilme können Sie sich auf diese Weise ansehen. Das ist gleichzeitig ein gutes Heilmittel gegen Langeweile (wenn die Geschichte uninteressant sein sollte). Auch Märchen eignen sich dazu, Ihre Kenntnis über die Bach-Blüten zu erweitern.

Welches Heilmittel?

1. Ich kann mich nicht zwischen zwei Möglichkeiten entscheiden, weil mir abwechselnd die eine und dann die andere als die bessere erscheint.
2. Ich erwarte und verlange unbedingten Gehorsam.
3. Selbst wenn ich Erfolg habe, bin ich der Meinung, daß ich es noch besser hätte machen müssen.
4. Ich fühle mich morgens beim Aufstehen noch müder als beim Zubettgehen.
5. Ich gehe Sachen oft viel zu impulsiv und enthusiastisch an.
6. Ich kann mich Tagträumereien völlig hingeben.
7. Ich mache weiter, auch wenn ich die Grenze der Erschöpfung erreicht habe.
8. Ich werde eifersüchtig, wenn ich Menschen sehe, denen es besser als mir geht.
9. Ich habe Angst davor, daß ich etwas Schreckliches tun könnte.
10. Wenn eine geliebte Person verreist, habe ich schon bald Angst, daß ihr etwas Furchtbares zustößt.
11. Sorgenvolle Jahre haben dazu geführt, daß ich mich schwach und nicht imstande fühle, die Probleme des Lebens zu bewältigen.
12. Ich kann nicht gut schlafen, weil in meinem Kopf ständig Gedanken kreisen.
13. Ich habe das Gefühl, daß es sinnlos ist, weitere Behandlungen auszuprobieren.
14. Durch einen Rückschlag bei der Ausführung eines Vorhabens lasse ich mich schnell entmutigen.
15. Ich reagiere schreckhaft und habe in letzter Zeit ab und zu panische Angst.

16. Ich denke oft mit Wehmut, warum nicht auch ich etwas Bestimmtes machen könnte, weiß aber, daß es unmöglich ist.
17. Anstatt meiner eigenen Meinung zu vertrauen, suche ich immer wieder Rat bei anderen.
18. Ich bin schüchtern und nervös und ziehe mich lieber zurück.
19. Ich sehne mich nach der guten alten Zeit.
20. Ich habe das Gefühl, daß ich die Lektionen des Lebens nur sehr langsam lerne.
21. Ich bin ungeduldig und gereizt, wenn andere eine Sache langsamer erledigen, als ich es tun würde.
22. Ich leide unter vagen Ahnungen eines kommenden Unheils.
23. Ich habe das Gefühl, daß ich das Ende von allem erreicht habe, daß es nichts mehr gibt, was ich herbeisehnen könnte; ich befinde mich in einer völligen Leere und fühle mich vollkommen allein.
24. Ich frage mich oft, wie andere so fröhlich sein können, obwohl sie wissen, welches Unrecht mir angetan wurde.
25. Ich leide zeitweise unter Niedergeschlagenheit, ohne dafür den Grund nennen zu können.
26. Ich werde mich mit meinem eintönigen Leben abfinden müssen.
27. Ich ekle mich vor meinem eigenen Körper.
28. Ich habe am liebsten immer Menschen um mich herum, denn ich brauche Zuneigung, nachdem ich so viel gelitten habe.
29. Ich habe nicht genügend Willenskraft, um einem anderen etwas zu verweigern, auch wenn ich dann nicht zu mir selbst komme.
30. Ich bin unzufrieden, weil ich meine Bestimmung im Leben noch immer nicht gefunden habe.

31. Ich sage oft: »Denke daran, was ich für dich alles getan, was ich wegen dir alles durchgemacht habe.«
32. Wegen eines großen Verlustes bin ich untröstlich.
33. Ich habe beschlossen, mit bestimmten alten Gewohnheiten zu brechen und einen neuen Anfang zu machen.
34. Ich werde mich niemals in fremde Angelegenheiten mischen, auch wenn ich diese verurteile.
35. Man hält mich für arrogant, aber ich stelle nun einmal hohe Ansprüche an die Menschen.
36. Ich habe mir selbst hohe Ideale gesetzt und zwinge mich dazu, sie zu erfüllen.
37. Wenn ich Sorgen habe, versuche ich sie zu vergessen, indem ich zum Beispiel zu Freunden gehe.
38. Meine Aufgabe übersteigt zur Zeit meine Kräfte.

(Mit Dank an André Tjoa)

Situationsbeschreibungen

I. Ein Mann droht zu ertrinken. Es sind genügend Zeugen vorhanden. Aber welcher Menschentyp wird mit selbstlosem Mut in das eiskalte Wasser springen, um den Mann zu retten?

II. Auf einem Fest ist er derjenige, der oft als Stimmungsmacher auftritt, drohende Konflikte zwischen den Gästen abwendet, für die Gemütlichkeit sorgt und niemals über eigene Probleme klagt oder jammert, also ein Fest niemals »verdirbt«.

III. Wer steht im Park auf einem Podest, um seine Überzeugungen leidenschaftlich zu verbreiten und zu verteidigen?

IV. Er steht an der Spitze eines großen Unternehmens. Er kann hervorragend delegieren und Probleme energisch und wirksam lösen.

V. Ein ideales Gruppenmitglied, das mit anderen gut zusammenarbeiten kann zum Wohle der Gemeinschaft.

VI. Sie wartet mit dem Tee, wenn ihre Kinder um vier Uhr nach Hause kommen. Sie sollten besser direkt nach Hause kommen, sonst ist sie sehr verärgert.

VII. Bericht über die Schulleistungen Ihres Kindes und sein Verhalten in der Klasse: »Ihr Kind ist lerneifrig und meistens in der Lage, den Stoff aufzunehmen und zu verarbeiten. Es gibt jedoch öfter Phasen, in denen es zuviel dazwischenredet, die Stunde zu sehr stört durch ständiges Fragen (Fragen nach dem bekannten Weg), womit es plötzlich einen Mangel an Selbstvertrauen zeigt . . .«

VIII. Mein Vater erzählt andauernd davon, wie gut früher alles war, obwohl wir wissen, wie schwierig er es hatte.

IX. Es gibt Ärger, wenn man mit (dreckigen) Schuhen über ihren gerade geputzten Boden läuft!

X. Sie bringt das Ladenpersonal zur Verzweiflung, weil sie sich nicht entschließen kann, welches Kleid sie nehmen soll: das rote oder das blaue. Nach vielem Hin und Her entscheidet sie sich schließlich eine halbe Stunde später zögernd für das rote. Zum Schrecken der Verkäuferin kommt sie am nächsten Tag mit der Bitte wieder, das rote gegen das blaue umtauschen zu dürfen . . .

Antworten (welches Heilmittel)

1. *Scleranthus*
2. *Vine*
3. *Pine*
4. *Hornbeam*
5. *Vervain*
6. *Clematis*
7. *Oak*
8. *Holly*
9. *Cherry Plum*
10. *Red Chestnut*
11. *Olive*
12. *White Chestnut*
13. *Gorse*
14. *Gentian*
15. *Rock Rose*
16. *Larch*
17. *Cerato*
18. *Mimulus*
19. *Honeysuckle*
20. *Chestnut Bud*
21. *Impatiens*
22. *Aspen*
23. *Sweet Chestnut*
24. *Willow*
25. *Mustard*
26. *Wild Rose*
27. *Crab Apple*
28. *Heather*
29. *Centaury*
30. *Wild Oat*
31. *Chicory*
32. *Star of Bethlehem*
33. *Walnut*
34. *Water Violet*
35. *Beech*
36. *Rock Water*
37. *Agrimony*
38. *Elm*

Antworten (Situationsbeschreibungen)

I. *Rock Rose*
II. *Agrimony*
III. *Vervain*
IV. *Vine*
V. *Centaury*
VI. *Chicory*
VII. *Cerato*
VIII. *Honeysuckle*
IX. *Crab Apple*
X. *Scleranthus*

10. Einige häufig auftretende Fragen

»Wie spricht man den Namen Bach aus?« Eine sehr gute Frage, damit man nicht auf den Gedanken kommt, dieses Buch böte eine völlig neue Annäherung an die Musik des deutschen Komponisten! Folgendes wird uns in einem Bach News Letter mitgeteilt: Die Familie Bach kam ursprünglich aus Wales. Dort wird der Name wie der des deutschen Komponisten ausgesprochen. In Wales bedeutet der Name »klein« oder »lieb«, und kleine Kinder werden oft »Georgie-bach« oder »Winnie-bach« genannt. Als Dr. Bach für seine medizinische Ausbildung in das University College Hospital ging, nannten ihn seine Kommilitonen jedoch »Batch« (nicht weiter ausgeführt), und so ist es seitdem geblieben.

»Die Flüssigkeit in meinem Fläschchen sieht trübe aus. Kann ich das Mittel immer noch einnehmen?«
Die Heilmittel behalten zwar sehr lange ihre Wirkung (ihre Wirkung geht nicht »zurück«), aber es ist nicht sehr angenehm, diese trübe Flüssigkeit einzunehmen. Also muß ein neues Fläschchen abgefüllt werden. Um das zu vermeiden, folgen hier einige Tips:
– Benutzen sie ein *steriles* Fläschchen (siehe *Das Auskochen* in Kapitel 5).
– Stellen Sie das Fläschchen an einen kühlen Ort, also nicht in die Sonne, neben einen Ofen oder Heizkörper. Wenn kein Alkohol zugefügt

wurde, muß das Fläschchen z.B. im Kühlschrank aufbewahrt werden. Es ist auch davon abzuraten, das Fläschchen in der Hosen- oder Jackentasche herumzutragen, wo es schmutzig werden könnte.
– Man kann frisches kaltes Wasser aus dem Hahn nehmen. Lassen Sie das Wasser vorher einige Minuten laufen. Ideal ist jedoch Quellwasser. Regenwasser verursacht zwar keine Ablagerungen, aber in Anbetracht der heutigen Luftverschmutzung dürfte es schwierig sein, das Wasser zu reinigen, auch wenn man es filtriert.

»Kann ich die Fläschchen in meinem Kochtopf sterilisieren?«
Empfehlenswert sind Töpfe aus *Email.* Von Aluminiumtöpfen muß abgeraten werden, da manche Menschen anfällig für Aluminiumvergiftungen sind und Angst haben, daß ihre Gesundheit dadurch angegriffen wird.

»Ich könnte jedes Mittel nehmen.«
Nehmen Sie *Wild Oat* bei zuvielen Möglichkeiten. Wenn man jedoch in aller Ruhe darüber nachdenkt, lernt man das Wichtige vom Nebensächlichen zu unterscheiden.

»Ich kann unter den Heilmitteln keines für mein Leiden finden.«
Das sagte eine Frau, die später erzählte, daß sie sich immer so abhängig von anderen machte. Das passierte immer wieder, obwohl sie sich fest vorgenommen hatte, daran etwas zu ändern. Sich abhängig machen oder fühlen ist tatsächlich in diesem Wortlaut nicht aufgeführt. Auf die Frage, ob sie eine Vermutung hätte, warum sie sich so verhält, antwortete sie jedoch nach einigem Nachdenken: ›Ich glaube, daß ich Angst habe, daß . . .‹ Damit gab sie die eigentliche

Antwort: Angst. In ihrem Fall war *Mimulus* das richtige Heilmittel. Außerdem hatte sie das Problem immer wieder: *Chestnut Bud*. Manchmal bedarf es etwas mehr Zeit und gründlicher Selbstuntersuchung, bis man sich selbst in einem Heilmittel wiedererkennt. Nehmen Sie sich die Zeit.

»Ist man so nicht den ganzen Tag mit sich selbst beschäftigt?«
Nein, glücklicherweise nicht. Man muß die Heilmittel nur anwenden, wenn tatsächlich ein Problem vorliegt. Mit gesundem Menschenverstand kommt man schon ein ganzes Stück weiter. Es gibt Fälle, bei denen die Ursache deutlich ist. Sollte jemand erschöpft sein, weil er eine Zeitlang zu spät ins Bett gegangen ist, gibt es nur ein einziges Heilmittel, um dem Körper Ruhe zu geben: Schlaf.
Wenn man sich jedoch zu sehr mit jeder Unpäßlichkeit oder kleinen Störung im gewöhnlichen Rhythmus der Höhen und Tiefen beschäftigt, dann gibt es nur ein Heilmittel: *Heather* bei Egozentrik.
Wenn das Einnehmen zur Gewohnheit wird, vermindert sich auf die Dauer die Wirkung der Essenzen.

»Muß man die Mittel für den Rest seines Lebens einnehmen?«
Das muß jedem selbst überlassen sein. Normalerweise teilt sich das Leben in Zeiten und Phasen ein: Nach einer Zeit, in der man an sich gearbeitet und etwas über die eigene Person gelernt hat, folgt eine Periode, in der man das Gelernte anwendet. Es wird einem auch nichts fehlen, wenn man zeitweise die Einnahme unterbricht. Und niemand wird es Ihnen verübeln, wenn Sie die Heilmittel für den Rest ihres

Lebens vergessen. In diesem Zusammenhang ist es sinnvoll, sogenannte Basis- oder Typ-Heilmittel von helfenden Heilmitteln zu unterscheiden. Letztere werden nur während bestimmter Lebensphasen eingenommen. Zum Beispiel *Walnut* während einer Veränderung im Leben oder *Olive* nach einer langen erschöpfenden Krankheit. Die Typ-Heilmittel werden bei bestimmten (erblichen) Charaktereigenschaften angewandt. Manchmal findet man eine bestimmte Eigenschaft in der ganzen Familie wieder. Man muß diese nicht als etwas Gegebenes hinnehmen, woran sowieso nichts zu ändern ist. Im Gegenteil, die Heilmittel können dabei helfen, sich zu verändern, die negative Eigenschaft in eine positive zu verkehren und diese als eine Aufforderung zur Entwicklung der Persönlichkeit zu betrachten. Man wird dann immer wieder, vielleicht ein ganzes Leben lang, mit dieser Aufgabe konfrontiert. Ob man dabei die Bach-Blütenheilmittel zur Hilfe nimmt, bleibt jedem Menschen selbst überlassen.

»Kann ich durch mein Horoskop eine Diagnose stellen lassen?«
Die Antwort auf diese Frage wurde schon in der vorhergehenden Darstellung gegeben. Das Horoskop kann dabei helfen, Erkenntnisse über die eigene Person zu gewinnen. Aber die Diagnose und das Arbeiten mit dem Blütenessenzen muß, um eine optimale Wirkung zu erzielen, von dem Moment bestimmt werden, in dem die Notwendigkeit einer Verbesserung akut geworden ist. Jedes Ereignis in einem Menschenleben ist einmalig. In jedem Leben gibt es die optimale Chance für »Heilung«, am richtigen Ort und zum richtigen Zeitpunkt. Es hat wenig Sinn, etwas einzunehmen, wenn man von einer bestimmten Charaktereigenschaft die positive Wirkung erfährt!

»Was bedeutet der Ausdruck ›transformierende Eigenschaften?‹«
Das sind die positiven, andauernden Eigenschaften eines Zustands, die durch ihre negative Widerspiegelung verborgen bleiben. Die Bach-Blütenheilmittel helfen dabei, diese positiven Eigenschaften aus ihrem Schattendasein zu befreien, zu verstärken und ins Licht des Bewußtseins zu rücken.

»Kann man eine Diagnose mit Hilfe der transformierenden Eigenschaften stellen? Das klingt viel freundlicher.«
Das ist vielleicht eine Möglichkeit für Menschen, die sehr bewußt mit ihrem Entwicklungsprozeß beschäftigt sind und eine sehr gute Intuition besitzen.
Für die meisten Menschen ist das jedoch nicht der richtige Weg. Es besteht nämlich die Gefahr, daß man versucht, die falschen Wünsche zu stimulieren. Die Wirkung wird dann natürlich ausbleiben. Ausgangspunkt bleibt die negative Verfassung. Wenn man dieses Leben als einen Lern- und Reifungsprozeß der Persönlichkeit betrachtet, deren Entwicklung auch anderen und dem Ganzen zugute kommt, und wenn man erkennt, daß etwas »Schlechtes« ursprünglich etwas »Gutes« war, nur verkehrt ausgerichtet, zur falschen Zeit und am falschen Ort, dann ist man vielleicht dazu fähig, sich von der (manchmal unbewußten) Ablehnung und den moralischen Bedenken zu befreien und Negativität in einem tieferen und unauflösbaren Ganzen zu akzeptieren. Trotzdem ist es gut, während der Arbeit mit den Heilmitteln immer an die positiven Umschreibungen zu denken.

»Wirken die Heilmittel nur, wenn man an sie glaubt?«

Durch die Behandlung von Pflanzen, Tieren und kleinen Kindern, von denen keine aktive Mitarbeit erwartet werden kann, ist bewiesen worden, daß es sich hier nicht um Einbildung oder Suggestion handelt. Es genügt, wenn man eine positive oder neutrale Einstellung zu den Heilmitteln hat. Jedoch ist es empfehlenswert, mit den Heilmitteln seelisch übereinzustimmen.

»Tritt die Wirkung auch ein, wenn ich Teile einer bestimmten Pflanze, die zur Bach-Blütentherapie gehört (z.B. die Wurzel oder Blätter), als Tee oder in einer anderen Form einnehme?«
Nein, diese Anwendungsformen wirken primär auf den physischen Körper, während die Bach Blütenessenzen zunächst auf *subtile* Niveaus und dann erst auf alle anderen Niveaus, u.a. auf den physischen Körper, einwirken.

»Können die Essenzen, ähnlich wie in der Homöopathie, noch weiterverarbeitet werden, so daß sie zum Beispiel schneller wirken?«
Bei der Zubereitung der Bach-Blütenessenzen wird die gesamte Lebenskraft der Natur, das Zusammenspiel der vier Elemente Wasser, Luft, Feuer und Erde mit den wild wachsenden Pflanzen und Sträuchern, in höchstmöglicher Potenz übertragen. Diese kann nicht durch »Manipulationen« gesteigert werden.

»Kann es vorkommen, daß nach der Einnahme der Essenzen die Symptome verstärkt auftreten?«
Es kann passieren, daß vorübergehend die Symptome, für die man die Heilmittel eingenommen hat, in verstärktem Maße auftreten. Es hat den Anschein, als würden erst dann alle »Hilfstruppen« herbeigerufen und versammelt,

die das Problem bewältigen sollen. Man sollte das positiv bewerten. Das Problem tritt ins Bewußtsein, es kann eine Krisensituation entstehen, die als Heilungskrise betrachtet werden muß – die Motivation zur Veränderung wird verstärkt.
Das ist jedoch nicht die Regel, sondern eher eine Ausnahme, und hängt in hohem Maße vom Charakter und Temperament der Persönlichkeit ab.
In so einem Fall kann man das *Rescue Remedy* nach Bedarf nehmen, die Dosis verringern (z. B. statt viermal nur zweimal täglich) oder im Extremfall ein oder zwei Tage kein Heilmittel nehmen. Man kann auch die Einnahme fortsetzen in dem Bewußtsein, daß die Symptome nur vorrübergehend verstärkt auftreten und ein Hinweis dafür sind, daß an dem Problem gearbeitet und eine Antwort von der Persönlichkeit erwartet wird.

»Ist die Wirkung zu stark, wenn man bei der Zubereitung zuviele Tropfen aus dem Vorratsfläschchen genommen hat?«
Das Wasser im Fläschchen muß man als »Träger der Blütenenergie« betrachten. Eine Überdosierung ist ausgeschlossen: Die exakte Anzahl Tropfen oder Wassermenge ist nicht von wesentlicher Bedeutung.

»Können zu den 38 Bach-Blüten noch andere hinzukommen?«
Bach selbst betrachtete die 38 Blüten als abgerundetes System, das alle menschlichen Gemütsverfassungen umfaßt. Basierend auf Bachs Philosophie, wurden im Laufe der Jahre zahlreiche Versuche unternommen, andere Blüten zu finden und das System zu erweitern (zum Beispiel mit Vitaflorum und den Kalifornischen Essen-

zen). Diese sollten als Variationen oder Alternativen aufgefaßt werden und können als solche auch sehr wertvoll sein. Manche dieser Systeme befinden sich in einem experimentellen Stadium. Die einzige Möglichkeit, um herauszufinden, ob sie wirken, wie sie wirken und ob sie notwendig sind, besteht darin, sie auszuprobieren.

»Wie lange muß ich die Heilmittel einnehmen?«
So lange Sie wollen. Es kann sein, daß Sie nach einer Woche, in der Sie regelmäßig und voller Begeisterung die Heilmittel eingenommen haben, plötzlich keine Anziehungskraft mehr spüren, die Mittel »vergessen« oder daß Ihnen das Fläschchen »versehentlich« aus der Hand fällt. Das ist ein Zeichen dafür, daß diese Blütenkombination zu diesem Zeitpunkt ihre größte Wirkung ereicht hat. Sie können mit der Anwendung aufhören, das ganze Fläschchen trotzdem aufbrauchen oder sich selbst fragen, ob Sie von anderen Problemen belastet werden, die einer neuen Diagnose bedürfen.

»Wie kann es dazu kommen, daß mir zwei verschiedene Personen zwei verschiedene Essenzen verordnet haben?«
Hatten Sie zu der ersten zu wenig Vertrauen? Es bedeutet nämlich nicht, daß eine der beiden »besser« ist, denn wahrscheinlich sind beide Diagnosen richtig. Die erste Person kann beispielsweise ein bestimmtes Problem besonders gut erkennen, weil sie sich selbst mit ihm beschäftigt hat. Es ist auch möglich, daß die eine Person eher die offenkundigen und die andere eher die unterschwelligen Probleme wahrnimmt. Meistens hat man auch mehr als nur ein Problem, so daß durchaus beide Diagnosen zutreffend sind.

Zwei Diagnosen können den Patienten jedoch auch verwirren und seine Kräfte übersteigen. Das führt nur zu Beunruhigung. Außerdem haben sie selbst das letzte Wort und können letztlich selbst entscheiden, welches der verordneten Heilmittel für Sie in diesem Moment geeignet ist.

11. Edward Bachs Einteilung

Dr. Edward Bach unterschied sieben Kategorien, denen er die 38 Blüten mit den 38 negativen Gemütsverfassungen zuordnete:

I. Für Menschen, die Angst haben

Rock Rose	→ Panik, Erschrecken
Mimulus	→ Angst aus bekannter Ursache, weltliche Ängste, alltägliche Ängste
Cherry Plum	→ Angst davor, die Kontrolle zu verlieren; Angst aus unbekannter Ursache; vage, irrationale Ängste
Red Chestnut	→ Angst um andere, und die Sicherheit anderer

II. Für Menschen, die unsicher sind

Cerato	→ mangelndes Vertrauen in die eigene Intuition
Gentian	→ Zweifel, Entmutigung bei Rückschlägen
Gorse	→ Hoffnungslosigkeit, Mangel an Ehrgeiz
Hornbeam	→ Müdigkeit, Mangel an Energie
Wild Oat	→ unsicher, was man tun soll; zu viele Möglichkeiten

III. Mangelndes Interesse für das Hier und Jetzt

Clematis	→ verträumt, abwesend, Flucht in Illusionen und Phantasien

Honeysuckle → in der Vergangenheit leben
Wild Rose → Apathie, Ergebenheit
Olive → mentale und körperliche Erschöpfung
White Chestnut → ungewollte Gedanken; die Gedanken »kreisen«
Mustard → Depression unbekannten Ursprungs
Chestnut Bud → mangelnde Wahrnehmung

IV. Sich allein fühlen
Water Violet → gerne allein sein wollen
Impatiens → ungeduldig; in eigenem Tempo arbeiten und denken wollen
Heather → egozentrisch; immer andere um sich herum haben wollen, um ihr Leiden zu analysieren

V. Übertrieben empfänglich für Einflüsse und Ideen
Agrimony → überempfindlich bei Streit oder Diskussionen; seine Sorgen verbergen
Centaury → beeinflußbar; zu gerne helfen wollen; schwacher Willen
Walnut → manchmal von Ideen und Überzeugungen anderer beeinflußt werden
Holly → Eifersucht, Mißtrauen

VI. Mutlosigkeit und Verzweiflung
Larch → das Versagen erwarten, keinen Versuch unternehmen, kein Selbstvertrauen
Pine → Selbstvorwürfe, Schuldgefühle
Elm → zeitweise das Gefühl der Unzulänglichkeit

Sweet Chestnut	→	Schmerz, Verzweiflung
Star of Bethlehem	→	Schock aufgrund schlechter Nachrichten, Unglück, Verlust
Willow	→	Groll hegen, Verbitterung
Oak	→	zuviel streiten und kämpfen, aber nicht aufgeben
Crab Apple	→	Reinigungsheilmittel; unter Zwangsvorstellungen leiden

VII. Übertriebenes Besorgtsein um das Wohl der anderen

Chicory	→	übertriebene Besitzansprüche; gerne für andere sorgen; die anderen bei sich halten wollen; gerne korrigieren
Vervain	→	andere durch Enthusiasmus bekehren wollen; Streß, übertriebene Anstrengung
Vine	→	dominant, herrschsüchtig, anderer Leute Sachen erledigen wollen
Beech	→	kritisch, intolerant; urteilen
Rock Water	→	für andere ein Vorbild sein wollen; Unterdrückung der eigenen Person

12. Alternative Einteilung

Die alternative Einteilung der Heilmittel ist nur ein Hilfsmittel für die Diagnose. Das betreffende Problem muß immer unter der Besprechung der einzelnen Blüten genauer ermittelt werden.

Angst

Aspen	→ unbekannter Ursprung, astral
Cherry Plum	→ bei Verlust der Kontrolle
Mimulus	→ weltliche, bekannte Ängste
Red Chestnut	→ Angst um die Sicherheit anderer
Rock Rose	→ Panik, Erschrecken

Besorgnis

Aspen	→ besorgt um das, was kommen wird
White Chestnut	→ aufgrund eigener Gedanken
Red Chestnut	→ besorgt um andere
Chicory	→ besitzergreifend
Vervain	→ besorgt um das Wohl anderer
Agrimony	→ verborgen
Heather	→ besorgt um sich selbst

Egozentrik und Intoleranz

Chicory	→ übertriebene Besitzansprüche
Heather	→ auf sich selbst fixiert
Beech	→ kritisch hinsichtlich anderer
Vine	→ dominierend
Water Violet	→ überheblich
Impatiens	→ ungeduldig gegenüber anderen

Holly → aufgrund von Eifersucht oder Mißtrauen
Rock Water → streng zu sich selbst

Bosheit
Holly → Eifersucht
Willow → Groll
Aspen → aggressiv, weil man sich bedroht fühlt
Beech → intolerant

Mangelndes Selbstvertrauen
Wild Oat → wegen zuvieler Möglichkeiten, keine Berufung fühlen
Larch → weil man denkt, daß man versagen wird
Cerato → kein Vertrauen in die Intuition
Scleranthus → zögernd, nicht entschlußfähig
Mimulus → sich in der Welt nicht zuhause fühlen
Gentian → Zweifel, Entmutigung
Pine → minderwertig fühlen

Beeinflußbarkeit
Centaury → schwacher Willen
Cerato → anderen und nicht der eigenen Intuition vertrauen
Agrimony → um des lieben Friedens willen
Holly → aufgrund von Eifersucht
Gorse → wegen Gefühlen der Hoffnungslosigkeit
Gentian → aufgrund von Zweifeln
Walnut → manchmal, in Zeiten der Veränderung

Depression und Müdigkeit
M. Centaury → Schwäche
D. Mustard → allgemeine Depression

M. Elm → vorübergehende Erschöpfung, sich ermattet fühlen
M. Hornbeam → während einer Genesung, Mühe mit der alltäglichen Routine
M. Olive → über längere Zeit völlig erschöpft
D. M. Wild Rose → Apathie
D. Sweet Chestnut → Gefühl des Verlassenseins
D. M. Gorse → Gefühl der Hoffnungslosigkeit
D. Gentian → aufgrund von Zweifeln, bekannte Ursache

Abwesenheit
Star of Bethlehem → Schock
Clematis → Träume, Tagträumereien, abwesend
Honeysuckle → mit der Vergangenheit beschäftigt
Wild Rose → Ergebenheit, Apathie
Chestnut Bud → in die Zukunft denken, mangelnde Wahrnehmung
White Chestnut → in Gedanken versunken
Olive → sich im »Dämmerzustand« befinden

Aktive Nervosität (extravertiert)
Vervain → impulsiv
Impatiens → ungeduldig
Scleranthus → unentschlossen
White Chestnut → mentale Energieverschwendung
Holly → Haß
Rock Water → sich selbst zwingen
Chicory → besitzergreifend, Wichtigtuerei

Innere Nervosität (introvertiert)

Agrimony	→ verborgen
Mimulus	→ aufgrund von Angst
Oak	→ trotz Widerstand nicht aufgeben

Spannung, Angespanntheit, Stress

Cherry Plum	→ Kontrolle verlieren, Angst
Vervain	→ übertriebene Intensität
Impatiens	→ mentale Spannung, Gereiztheit
Rock Water	→ Selbstverleugnung
Vine	→ herrschsüchtig, unflexibel
Beech	→ gereizt und kritisch wegen zu hoher Ideale

Diese Liste kann von Ihnen ergänzt werden.

13. Index der Schlüsselwörter

Alphabetische Reihenfolge der englischen Pflanzennamen; die deutschen Bezeichnungen sind in Klammern angegeben. Sie finden zudem diese Aufstellung noch einmal in Kurzform auf Seite 100ff. zu Ihrer schnellen Orientierung.

Agrimony (Odermennig)	→ seelische Qualen; verborgene Sorgen.
Aspen (Espe)	→ Angst vor dem, was kommen wird; vage, irrationale Ängste; Angst unbekannten Ursprungs; Vorahnungen.
Beech (Rotbuche)	→ arrogant; intolerant; über andere urteilen.
Centaury (Tausendgüldenkraut)	→ beeinflußbar; nicht nein sagen können; willenlos.
Cerato (Grasnelke)	→ zimperlich; mangelndes Vertrauen in die eigene Intuition; kein Vertrauen zu sich selbst.
Cherry Plum (Kirschpflaume)	→ Angst, die Kontrolle zu verlieren; Angst, etwas Furchtbares oder Schlimmes zu tun: Verzweiflung.
Chestnut Bud (Frucht der Roßkastanie)	→ mangelnde Wahrnehmung; Wiederholung derselben Fehler.
Chicory (Wegwarte)	→ übersteigerte Besitzansprüche; Eigenliebe; Selbstmitleid.

Clematis (Waldrebe)	→	verträumt; Flucht in Phantasien und Illusionen; Abwesenheit; Gleichgültigkeit.
Crap Apple (Apfel)	→	Gefühl der Unreinheit; Mutlosigkeit; Zwangsvorstellungen; Reinigungsheilmittel.
Elm (Ulme)	→	Gefühle der Unzulänglichkeit; mutlos; vorübergehende Erschöpfung.
Gentian (Enzian)	→	Zweifel; Entmutigung; Depression bekannten Ursprungs.
Gorse (Stechginster)	→	Hoffnunglosigkeit; Resignation; Ergebenheit; mangelnder Ehrgeiz (vor allem, wenn Behandlungen versagen).
Heather (Besenheide)	→	egozentrisch; Selbstmitleid; Eigennutz.
Holly (Stechpalme)	→	Eifersucht; Neid; Mißtrauen; Haß; Argwohn.
Honeysuckle (Geißblatt)	→	Nostalgie; Gefühle des Bedauerns: in der Vergangenheit leben; Heimweh.
Hornbeam (Hainbuche)	→	Müdigkeit; mentale Erschöpfung; Mattigkeit.
Impatiens (Springkraut)	→	ungeduldig; Gereiztheit; geistige Spannung.
Larch (Lärche)	→	kein Selbstvertrauen; erwarten, daß man versagen wird; mutlos.
Mimulus (Gauklerblume)	→	Angst mit bekannter Ursache; schüchtern; weltliche Ängste.
Mustard (Ackersenf)	→	schwere Depressionen; Melancholie; trübsinnig; Depression unbekannten Ursprungs.
Oak (Eiche)	→	mutlos, aber nicht aufgeben; Streiter, Kämpfernatur; niedergeschlagen.

Olive (Ölbaum)	→	völlige physische und mentale Erschöpfung.
Pine (Föhre)	→	Schuldgefühle; Selbstvorwürfe; Verzweiflung.
Red Chestnut (Rote Roßkastanie)	→	übertrieben besorgt um die Sicherheit anderer; Angst und Besorgnis um andere.
Rock Rose (Sonnenröschen)	→	für Notfälle; Panik; Angst, Erschrecken.
Rock Water (Quellwasser)	→	Selbstverleugnung; streng zu sich selbst; Selbstunterdrükkung.
Scleranthus (Knäuel)	→	Unentschlossenheit; zögern; Unausgeglichenheit; Unsicherheit.
Star of Bethlehem (Milchstern)	→	Schock; Kummer.
Sweet Chestnut (Eßkastanie)	→	Gefühle der Hoffnungslosigkeit; starke seelische Verzweiflung; Ratlosigkeit.
Vervain (Eisenkraut)	→	Angeberei; Enthusiasmus; Streß; Angespanntheit; Spannung.
Vine (Weinrebe)	→	dominierend; herrschsüchtig; unflexibel; ehrgeizig; tatkräftiger Typ.
Walnut (Walnuß)	→	Konventionen durchbrechen; überempfindlich gegenüber starken Einflüssen; überempfindlich gegenüber Gewohnheiten.
Water Violet (Wasserfeder)	→	distanziert; stolz.
White Chestnut (Roßkastanie)	→	Selbstgespräche; hartnäckige, ungewollte Gedanken.
Wild Oat	→	Unsicherheit (was zu tun ist);

(Trespe)	zu viele Möglichkeiten; Unzufriedenheit.
Wild Rose (Hundsrose)	→ Apathie; Ergebenheit.
Willow (Weide)	→ Verbitterung; Groll.

14. Bach-Blütenheilmittel

AGRIMONY (Odermennig)

Schlüsselwörter: seelische Qualen; verborgene Sorgen

Repertorium

Angst davor, allein zu sein
Besorgtheit, Unruhe, Angst
Streit und Konflikte vermeiden
fröhlich, vergnügt, Sinn für Humor
nach Gesellschaft verlangen
niemals klagen
Todessehnsucht
keine Todesangst haben
Erregung, Reize verlangen
Angst vor der Zukunft
physische Angst (Armut, Krankheit)
froh, herzlich, ungezwungen, freundlich
beeinflußbar, den Frieden zu wahren
Abneigung gegen Alleinsein
vor Sorgen fliehen
nervös
Überempfindlichkeit verbergen
aus Freundlichkeit von anderen überreden lassen
ruhelos wegen seelischer Qualen
für Kontroversen, Streit empfänglich
Selbstmordgedanken
von verborgenen Sorgen gequält
mutig, ohne zu klagen
sich von anderen Energie entziehen lassen
willensschwach (manchmal)

in Drogen, Alkohol, Essen fliehen
optimistisch
Schlichter, Friedensstifter
Einsamkeit
ruhelos in der Nacht; quälende Gedanken – Schlaflosigkeit
Zähneknirschen

Eltern: den Lärm der Kinder nicht ertragen können.
Kinder: (Seelen)angst und Einsamkeit; beim Zahnen (+ Walnuß)

Transformierende Eigenschaften
Dinge akzeptieren können, weil man gelassen und ausgeglichen ist
Objektivität
bei Mißgeschicken glücklich sein; Mißgeschicke integrieren
sich von Problemen nicht einschränken lassen; nicht unnötig besorgt sein
innerer Frieden; aufrichtige Fröhlichkeit
über die eigenen Sorgen lachen können

ASPEN (Espe)
Schlüsselwörter: Angst (vor dem, was kommen wird); vage irrationale Ängste; Ängste unbekannten Ursprungs

Repertorium
Ängste erwarten
ängstlich oder besorgt aufgrund von Angst
(mentale) emotionale Störungen
Wahnvorstellung, Selbstbetrug
Träume, Alpträume
Angst vor Dunkelheit
Angst vor dem Tod
Angst vor der Angst

psychische (seelische) Angst
religiöse Angst
geheime, verborgene Angst; Angst, anderen davon zu erzählen
unbekannte Gründe für die Angst
vage, unbegründete Angst
still, ruhig
Selbstmordgedanken
Spannung aufgrund von Angst
Qualen aufgrund von Angst
niedriges astrales Niveau
Angst vor dem Schlafen
Angst vor Verletzung: Vergewaltigung, Angriff, Mißhandlung von Kindern
aggressiv wegen Angst

Kinder: Angst vor dem Verlassenwerden; astrale Ängste.

Transformierende Eigenschaften
vom Unbekannten angezogen werden
ohne Angst in der Dunkelheit gehen können (Pionier)
die Verbindung zum astralen Niveau leicht herstellen können
das »astrale« Niveau und die esoterischen oder inneren Lehren der Phantasie, Magie usw. verstehen
die Fähigkeit, auf subtilere Ebenen projizieren zu können
furchtlos, offen für Erfahrungen

BEECH (Rotbuche)
Schlüsselwörter: arrogant; intolerant; über andere urteilen

Repertorium
arrogant
über andere klagen

feste Überzeugungen
an anderen Kritik üben
unzufrieden mit anderen (unbefriedigt)
bei anderen Fehler suchen (mäkelig)
intolerant
angespannt
feste Überzeugungen, Vorstellungen, Meinungen
strenger Herr gegenüber anderen
hohe Ideale
reizbar
geistige (mentale) Unbeugsamkeit
streng gegenüber anderen (pedantisch)
Mangel an Zuneigung
Spannung
starker Willen
kleinlich
zornmütig, boshaft
verurteilen
verärgert über kleine Gesten, Gewohnheiten anderer
angespannte Gereiztheit, die sich durch Lärm usw. steigern kann

Kinder: andere ärgern

Transformierende Eigenschaften:
Unterscheidungsvermögen; Qualität nach Wert schätzen
das Verstehen eines Wertesystems
Verhaltensmuster durch Wahrnehmung verstehen
Diagnosen stellen; einschätzen; fähig sein, in allem das Gute wachsen zu sehen
»Wir sind nur der Spiegel des anderen«
der Wunsch, toleranter zu sein

CENTAURY (Tausendgüldenkraut)
Schlüsselwörter: beeinflußbar; nicht nein sagen können; willenlos

Repertorium
den Ratschlägen anderer folgen
Einmischung durch Ratschläge (eingreifen)
Diskussionen vermeiden
Konventionen und Bräuche mögen
dominiert werden
Erschöpfung durch schwachen Willen
leicht beeinflußbar
»das Leben ist eine Mühsal« (sich abrackern)
mediale Gaben
von anderen getäuscht werden (manchmal)
übertriebenes Bemühen zu gefallen, zu befriedigen
Überempfindlichkeit aufgrund der Schwäche,
zu hilfsbereit zu sein (aus freiem Willen)
leicht von anderen zu überreden (aufgrund von Schwäche)
leicht zu überreden, anderen einen Gefallen zu tun
still, ruhig, freundlich, schüchtern
Selbstverleugnung
unzuverlässig (infolge Beeinflußbarkeit)
sich von anderen Energie entziehen lassen
schwacher Willen
müde, matt
Märtyrertum
untertänig
nicht nein sagen können
demütig
sich selbst außer acht lassen
schnell müde
»der gute Geist«
sklavische Mentalität, »Fußabtreter«
Opfermentalität, Gefühl der Machtlosigkeit
die Macht anderen überlassen

Transformierende Eigenschaften
Hilfsbereitschaft
zuverlässig bei der Durchführung einer Aufgabe

sich einer guten Sache widmen können
Vorbildern auf angemessene Weise folgen
guter Teamarbeiter; Zusammenarbeit
inspiriert werden können
die Fähigkeit, ein Individuum in der Gruppe zu sein
innere Kraft, innere Führung
verleiht Kraft, hilft bei Schwäche nach einer Krankheit, stimuliert Vitalität

CERATO (Grasnelke)
Schlüsselwörter: zimperlich; kein Vertrauen in die eigene Intuition; kein Vertrauen zu sich selbst

Repertorium
um Rat fragen (Ratsuche)
Ratschlägen folgen
sich von Ratschlägen einschränken lassen
unbeständig
Konzentrationsmangel durch zu wenig Selbstvertrauen
mangelndes Selbstvertrauen
Konventionen und Bräuche mögen
schwache Überzeugung
dominiert werden
zimperlich, töricht; Wichtigtuer
Informationshunger
von Entscheidungen anderer beeinflussen lassen
einmischen durch Fragenstellen
leicht von anderen zu täuschen
an Fähigkeiten, Intuition zweifeln
zu empfänglich für die Meinungen anderer
von anderen überredet werden können aufgrund mangelnden Selbstvertrauens
geschwätzig
unsicher wegen mangelnden Selbstvertrauens (sich selbst mißtrauen)

unzuverlässig wegen mangelnden Selbstvertrauens
anderen Energie entziehen durch ständiges Um-Rat-Fragen
einfältig, leichtgläubig
Verleugnung des inneren Ichs
nur der Persönlichkeit vertrauen
Wissen anhäufen, ohne es anzuwenden
Neigung zum Imitieren anderer

Transformierende Eigenschaften
intuitiv und inspiriert, neugierig, untersuchend
Informationen und Wissen sammeln, verarbeiten und verbreiten
Zusammenarbeit von konkretem und abstraktem Verstand
klug
der inneren Führung vertrauen

CHERRY PLUM (Kirschpflaume)

Schlüsselwörter: Angst, die Kontrolle zu verlieren; Angst davor, etwas Furchtbares oder Schlimmes zu tun; Verzweiflung

Repertorium
verzweifelt
Angst vor Wahnsinn
Angst davor, die Kontrolle zu verlieren, mental und physisch
Angst davor, den Verstand zu verlieren (zusammenbrechen)
Angst vor unkontrollierter Impulsivität
Wahnsinn
Nervenzusammenbruch
Obsessionen, Angst
Selbstmordgedanken
geschwätzig (manchmal)
aggressiv aufgrund von Angst

Spannungen aufgrund von Angst
gefürchtete Gedanken
von der Angst gequält, die Kontrolle zu verlieren
starke (mentale) Störungen
Angst davor, etwas Schreckliches zu tun
Angst davor, durchschaut zu werden; nichts daran ändern können
stottern und Angst davor, zu stottern
Wutanfälle; Gefühl des Tropfens, der das Faß zum Überlaufen bringt

Eltern: das Gefühl, die Kontrolle über sich selbst zu verlieren; Mißhandlung des Kindes (vor allem physische; Anwendung körperlicher Strafen)
Kinder: Bettnässen

Transformierende Eigenschaften
mutig, stark
in Anbetracht großer Schwierigkeiten Mut entwickeln
die Fähigkeit, unterbewußte Gedanken zu erkennen und zu verarbeiten
Integration von Licht und Dunkelheit
Ausdauer und Kraft, um auf der mentalen Ebene den »psychischen Input« aufzunehmen
spontan
Mut und Kraft unter extremer Belastung (Beispiel: Kriegsgefangene)

CHESTNUT BUD (Frucht der Roßkastanie)
Schlüsselwörter: mangelnde Wahrnehmungsfähigkeit; Wiederholung derselben Fehler

Repertorium
ungeduldig
mangelnde Aufmerksamkeit, weil man an die Zukunft denkt

mangelnde Wahrnehmung
langsam lernen
sorglos
Wiederholung derselben Fehler
unordentlich
Konzentrationsmangel
Blockierung beim Lernen
geistig behinderte Menschen; autistische Kinder
zurückgebliebene Kinder
Hast

Transformierende Eigenschaften
geistig munter sein
schnell und leicht verändern
auf Fehler achten
Art und Zweck von Fehlern im Lernprozeß begreifen
aus den Lektionen des Lebens lernen

CHICORY (Wegwarte)
Schlüsselwörter: übersteigerte Besitzansprüche; Eigenliebe; Selbstmitleid

Repertorium
nicht allein sein wollen
Besitz anstreben
gerne argumentieren
diskutieren
herrschsüchtig
fähig, aber wichtigtuerisch
nach Gesellschaft verlangen
über andere klagen
um andere besorgt
geistige (mentale) Verstopfung
verbessern, zurechtweisen wollen
andere kritisieren
anderer Leute Sachen erledigen
unzufrieden mit anderen

dominieren
bei anderen Fehler suchen
Angst davor, Freunde zu verlieren
verdrießlich, kratzbürstig
Wichtigtuer
Habsucht, Besitz von anderen begehren
Hunger nach Zuneigung
Machthunger
sich schnell zurückgewiesen fühlen
harter Lehrmeister gegenüber anderen
stolz auf das eigene Haus
Krankheit simulieren
sich einmischen durch Wichtigtuerei und Kritik
krank werden, um Zuneigung zu bekommen
krank werden, um die Macht über andere aufrechtzuerhalten
reizbar
Märtyrer aufgrund von Selbstmitleid
nervös
erpicht darauf, andere zu versorgen
übersteigerte Besitzansprüche
egozentrisch
sich selbst wichtig finden
Selbstmitleid
streng zu anderen
Zuneigung von anderen bekommen wollen
leicht in Tränen ausbrechen
starker Willen
sich unnötig Sorgen machen
hysterisch
sich an die Kinder klammern
anderen Energie entziehen

Transformierende Eigenschaften
mit großer Liebe um andere kümmern und Zuneigung geben, ohne Gegenleistungen zu erwarten oder zu benötigen
Wärme, Freundlichkeit, Berührung
sicher und stark in sich selbst; sich selbst genügen

selbstlos: geben und nehmen im richtigen Moment

CLEMATIS (Waldrebe)

Schlüsselwörter: verträumt; Flucht in Phantasien und Illusionen; Abwesenheit; Gleichgültigkeit

Repertorium

abwesend, zerstreut
in eigenen Gedanken aufgehen
unbestimmte Ambitionen
apathisch, lustlos
Konzentrationsmangel
Tagträume
Todessehnsucht
schläfrig, verträumt, dösig
sich nicht anstrengen, weil man träumt
Erschöpfung durch mangelnde Vitalität
Ohnmacht
keine oder zu wenig Angst
Angst vor Krebs
Heimweh
idealistisch; unpraktisch
phantasiereich
Gleichgültigkeit
Wahnsinn
mangelndes Interesse für die Gegenwart
mangelnde Aufmerksamkeit, weil man träumt
schwerer Schlaf
krank werden, um Erlebnissen zu entfliehen
sich nicht um eine Besserung bemühen
das Interesse am Leben verloren haben
mediale Gaben
betäubt, gelähmt
unaufmerksam
Unbewußtheit
mangelnde Wahrnehmung

religiöse Wahnvorstellungen
ruhig, still, verträumt
lärmempfindlich
langsam aufgrund mangelnden Interesses
Selbstmordgedanken
Zukunftsgedanken
grüblerisch
sich in Gedanken verlieren
nicht klagen aufgrund von Desinteresse
unglücklich
sich von anderen Energie entziehen lassen
Neigung, das Unglück anzuziehen
unpraktisch
vergeßlich

Kinder: verträumt auf eine apathische Weise; der Realität eines unglücklichen Zuhauses entfliehen wollen

Transformierende Eigenschaften
Künstlernatur, Künstler, sensitiv usw.
inspiriert und fruchtbar (empfehlenswert für Menschen, die Kinder wollen, aber keine Kinder bekommen können)
sanft und zärtlich
starke Verbindung zum inneren Leben; das Leben in einer weit gespannten Perspektive sehen
die Fähigkeit, innerlich zu reisen; Dimensionen transzendieren
Herr über die eigenen Gedanken sein
»gedeihen«, Inspiration, die nach ihrer Form sucht und sich manifestiert

CRAB APPLE (Apfel)

Schlüsselwörter: Gefühl der Unreinheit; Mutlosigkeit; Verzweiflung; Wahnvorstellungen; Reinigungsheilmittel

Repertorium
übertrieben auf Details achten
putzsüchtig
um Kleinigkeiten besorgt
verzweifelt
das Gefühl, nicht sauber zu sein
Wichtigtuer; Pedant
wählerisch
stolz auf das eigene Haus
Detailbesessenheit
übertrieben besorgt um Kleinigkeiten
Ablehnung des Körpers
Gefühl der Ansteckung, Fäulnis, Abscheu
Verschmutzung
empfindlich gegenüber Unordnung, sowohl in der Öffentlichkeit als auch in der privaten Umgebung

Transformierende Eigenschaften
der Reiniger für Geist und Körper
bringt Ordnung und Sauberkeit
die Fähigkeit, »Ansteckung« zu erkennen und zu transmutieren
fähig sein, seine Angelegenheiten im richtigen Verhältnis zu sehen
großzügig

ELM (Ulme)

Schlüsselwörter: Gefühl der Unzulänglichkeit; Mutlosigkeit; vorübergehende Erschöpfung

Repertorium
verzweifelt durch Gefühle der (zeitweiligen) Unzulänglichkeit
Entmutigung, Mutlosigkeit
Gefühl des Versagens
das Gefühl haben, von zuviel Verantwortung erdrückt zu werden

plötzliche Erschöpfung durch (zeitweise) übertriebenes Streben nach Perfektion

Eltern: das Gefühl haben, daß die Elternschaft eine fast zu große Verantwortung bedeutet

Transformierende Eigenschaften
verantwortungsvoll, zuverlässig, intuitiv
großes Leistungsvermögen, unerschütterliche Überzeugungen
nach bestem Vermögen handeln
eine Arbeit bis zum Ende durchführen können
für andere arbeiten; arbeiten, um Schwierigkeiten zu bewältigen
das »Unmögliche« versuchen wollen
Führungs-, Schlüsselpositionen bekleiden

GENTIAN (Enzian)
Schlüsselwörter: Mutlosigkeit; Zweifel: Entmutigung; Depression bekannten Ursprungs

Repertorium
Depressionen (durch Zweifel)
Mutlosigkeit
Entmutigung
Zweifel
das Vertrauen (den Glauben) verloren haben
von Verzögerung und Behinderung beeinflußt werden
Melancholie
Entmutigung durch Rückschläge
Unsicherheit wegen mangelnden Vertrauens
skeptisch
enttäuscht
Depression mit bekannter Ursache
demütig

Kinder: für entmutigte Schulkinder

Transformierende Eigenschaften
großes Vertrauen (trotz Zweifel, Dunkelheit)
Träger des Lichts in der Dunkelheit
der Gläubige (»Herr, hilf mir in meinem Unglauben«)
Integration des Konflikts
ein gutes Heilmittel während der Genesung von einer Krankheit, um einen vorübergehenden Rückfall durchzustehen

GORSE (Stechginster)
Schlüsselwörter: Hoffnungslosigkeit; Resignation, Ergebenheit; kein Ehrgeiz (vor allem bei Versagen der Behandlungen)

Repertorium
mangelnder Ehrgeiz
physische Verzweiflung, Ratlosigkeit
das Vertrauen verloren haben
Hoffnungslosigkeit
von Entscheidungen anderer beeinflußt werden
mangelndes Interesse (Aufmerksamkeit) aufgrund von Gefühlen der Hoffnungslosigkeit
Melancholie
von anderen gegen den eigenen Willen überredet werden
von anderen überredet werden, ihnen einen Gefallen zu tun
resigniert; bei Rückschlägen aufgeben
Unsicherheit wegen mangelnder Hoffnung
fest von einer erblichen Belastung überzeugt sein

Transformierende Eigenschaften
begreifen, daß nichts unfehlbar oder sicher ist, und dennoch Hoffnung haben
wissen, was gut für einen selbst ist, und trotz Rückschlägen weitermachen

Rückschläge (Kapitulation) akzeptieren
gibt Hoffnung und Besserung

HEATHER (Besenheide)
Schlüsselwörter: egozentrisch; Selbstmitleid; Egoismus

Repertorium
in sich selbst aufgehen
nicht allein sein wollen
nach Gesellschaft verlangen
mentale Verstopfung
dominierend
Sensationsgier
Angst davor, Freunde zu verlieren
bei Krankheit, Angst vor sich selbst
Hunger (Gier) nach Zuneigung
Krankheit simulieren
mangelndes Interesse, »Selbstgenügsamkeit«
einmischen, indem man über sich selbst spricht
krank werden, um Zuneigung zu bekommen
Einsamkeit nicht mögen
sich zum Märtyrer der Gesundheit machen
übertriebene Besitzansprüche
egozentrisch
sich selbst wichtig finden
Selbstmitleid
geschwätzig
anderen Energie entziehen
weinerlich
sich über eigene Schwierigkeiten Sorgen machen
hypochondrisch
egoistisch
im Leiden, in Heimsuchungen versunken sein
alles auf eigene Erfahrungen zurückführen
festklammern und nicht loslassen
schlechter Zuhörer

Transformierende Eigenschaften
andere verstehen; Mitgefühl
Toleranz und Humor, sich selbst bei Anstrengungen nicht schonen
tiefe Erfahrung des Leidens, den Lebensplan verstehen
an allen Erfahrungen interessiert sein
Diagnose stellen; Bereitschaft zum Zuhören; sich selbst nicht schonen
das kleine Ego zum großen Ego transformieren; sich selbst leer machen

HOLLY (Stechpalme)
Schlüsselwörter: eifersüchtig; neidisch; mißtrauisch; Haß; Argwohn

Repertorium
Mangel an Liebe
unglücklich (Ursache unbekannt)
über andere klagen
Unzufriedenheit aufgrund von Eifersucht
Eifersucht, Neid
verbittert
an anderen herummäkeln
Haß aufgrund von Eifersucht
von Eifersucht beeinflußt
Gereiztheit
überempfindlich auf Kränkungen reagieren
Rachegefühle
Argwohn
heftiges Temperament (gewalttätig)
von Gedanken der Eifersucht, der Rache gequält
unglücklich
anderen Energie entziehen
launenhaft
aggressiv

Kinder: neues Geschwisterchen; andere ärgern; Wutanfälle

Transformierende Eigenschaften
tiefes Verständnis von der emotionalen Ebene
Liebe zum Menschen
mit sich selbst zufrieden sein, sich selbst anerkennen
Anerkennung und Würdigung der Leistungen und Äußerungen anderer
die Fähigkeit, Ursache und Folge zu verstehen

HONEYSUCKLE (Geißblatt)

Schlüsselwörter: Nostalgie; Gefühle des Bedauerns; in der Vergangenheit leben; Heimweh

Repertorium
von Erinnerungen beherrscht werden
Tagträume
Benommenheit; verträumt; schläfrig
Heimweh
mangelndes Interesse, da man in Erinnerungen versunken ist
mangelnde Wahrnehmung
geschwätzig
Gedanken über die Vergangenheit
unglücklich
anderen Energie entziehen
Gefühle des Bedauerns
von der Vergangenheit verfolgt werden
(kann bei Krebsarten, die auf Gefühle des Bedauerns zurückzuführen sind, angewandt werden)
der Wunsch, das Leben zu wiederholen
eine Verfassung wie Lots Frau

Transformierende Eigenschaften
in der Gegenwart als Zentrum leben
das Transmutieren von vergangenem Leiden in das gegenwärtige Leben und die Erfahrungen der Gegenwart

die Erhaltung der Freude und des Glücks bei der Übertragung in die Gegenwart (Nostalgie)
die Fähigkeit, sich an die Vergangenheit deutlich zu erinnern (Historiker, Archäologe usw.)
die Vergangenheit lebendig machen
mit dem Strom der Zeit verbunden
Heilmittel bei Erinnerungen, hilft Verwitweten, Waisen, Gescheiterten usw.
speziell für Eltern, die allein leben müssen

HORNBEAM (Hainbuche)
Schlüsselwörter: Müdigkeit; mentale Erschöpfung; Mattigkeit

Repertorium
mentale Erschöpfung
Unsicherheit aufgrund von Kräftemangel
Schwäche
an (eigener) Kraft zweifeln
Müdigkeit, Lustlosigkeit
Genesungsperiode
»Montagmorgen-Gefühl«

Eltern: ihrer Aufgabe nicht gewachsen sein, müde sein

Transformierende Eigenschaften
wacher Geist
die Fähigkeit, internen oder externen Druck oder Müdigkeit zu bewältigen
(ist besonders wirksam, wenn die Müdigkeit in einer Gentian-Stimmung auftritt)
die Fähigkeit, Kraftreserven zu mobilisieren

IMPATIENS (Springkraut)
Schlüsselwörter: Ungeduld; Gereiztheit; geistige Spannung

Repertorium
allein, in eigenem Tempo arbeiten wollen
kompetent
Gesellschaft verabscheuen
Überanstrengung
bei anderen Fehler suchen (mäkeln)
streng, hart zu anderen
nicht zögern, weil man selbstsicher ist
hohe Ideale
ungeduldig
Impulsivität
intolerant
unduldsam bei Einschränkungen
sich einmischen, indem man andere antreibt
Gereiztheit
nervös
schnell
ruhelos aufgrund von Ungeduld
voller Selbstvertrauen
Spannung (Anstrengung, Überanstrengung)
heftiges Temperament
extreme mentale Spannung
Jucken; Hautausschlag
Klugheit

Eltern: ungeduldig, weil die Kinder zu langsam lernen
Kinder: Wutanfälle; wenn sie tagsüber, beim Einkaufen, während eines Besuchs müde und launisch sind

Ein Heilmittel, das Spannungen löst

Transformierende Eigenschaften
schnelle Entschlüsse; Effizienz
spontan
selbständiger Arbeiter (Schäfer, Nachtdienst, Führungskräfte usw.)
Geduld, Verständnis, intuitiv

LARCH (Lärche)
Schlüsselwörter: kein Selbstvertrauen; erwarten, zu versagen; mutlos

Repertorium
mangelndes Selbstvertrauen
schwache Überzeugungen
mangelndes Selbstvertrauen aufgrund von Verzweiflung
erwarten, daß man versagen wird, daß etwas mißlingt
zögern wegen mangelnden Selbstvertrauens
krank werden wegen mangelnden Selbstvertrauens
feige
Dinge aufschieben
Unvermögen
wehmütig; manchmal sich selbst außer acht lassen
stottern
sich an den Kindern festklammern
»du kannst es, aber ich kann es auf keinen Fall«; sich sehnen
Angst davor, sich lächerlich zu machen

Transformierende Eigenschaften
bescheiden, anspruchslos
durchhalten trotz Mißlingen, einstecken können
eine sehr menschliche Person
»ich kann es, ich werde es versuchen«
hilft bei Prüfungen

MIMULUS (Gauklerblume)
Schlüsselwörter: Angst bekannten Ursprungs; schüchtern; weltliche Ängste

Repertorium
Angst vor dem Alleinsein
verängstigt, besorgt durch Angst

Abneigung gegen Gesellschaft empfinden
Angst vor dem Tod (Krebs)
Angst vor Kälte und Nässe
Angst vor Finsternis, Dunkelheit
Angst vor der Zukunft
Angst vor der Gesundheit
Höhenangst
Angst vor Tieren, Insekten
Angst davor, Freunde zu verlieren
Angst vor Krankheit
heimliche Ängste
Lampenfieber, kein Wort herausbringen können
Angst vor sich selbst (bei Krankheit)
zögern aufgrund von Angst
Einsamkeit nicht mögen
Angst vor neuen Dingen, Situationen
keinen Laut von sich geben können
überempfindlich gegenüber Lärm und Meinungsverschiedenheiten
Dinge aufschieben
schüchtern
mangelndes Selbstvertrauen aufgrund von Angst und Hemmung
empfindlich auf Streitgespräche und Stimmen reagieren
empfindlich auf Fragen reagieren
Selbstmordgedanken
vor Rückschlägen erschrecken
geschwätzig (manchmal)
Spannung aufgrund von Angst
sich von anderen Energie entziehen lassen
Angst davor, abgewiesen zu werden und sich nicht sicher zu fühlen
stottern, stammeln, erröten
dominiert werden

Kinder: aus Angst festklammern; Angst vor Tieren, Dunkelheit, vielen Menschen usw.

Transformierende Eigenschaften
bescheiden; das Kleine, das Schüchterne, das Liebe; zartbesaitet
die Notwendigkeit begreifen, sich ab und zu zurückziehen zu müssen
gelassener Humor
ruhig und besonnen in jeder Beziehung
auf der Welt, aber nicht *von* der Welt sein
Mut, allgemeines Vertrauen

MUSTARD (Ackersenf)

Schlüsselwörter: schwere Depressionen; melancholisch; trübsinnig; Depression unbekannten Ursprungs

Repertorium
trübsinnig
Trübseligkeit, Depression, Verzweiflung (unbekannte Ursache)
Depression gleich einer schweren, schwarzen Wolke
große Traurigkeit
mangelndes Interesse (wegen Trübseligkeit)
Melancholie (aus unbekanntem Grund)
in sich gekehrt

Transformierende Eigenschaften
innere Heiterkeit; die Fähigkeit, die finsteren Stimmungen zu durchleben
begreifen, daß es dunkle Stellen gibt, die aus dem Unbewußten aufsteigen, und diese mit Freude und innerer Ruhe akzeptieren

OAK (Eiche)

Schlüsselwörter: niedergeschlagen, willensstark; mutlos, aber nicht aufgeben; Kämpfernatur

Repertorium
Verdruß; eine Krankheit als Quälerei empfinden
nicht klagen
Verzweiflung, weil eine Krankheit einschränkt
unzufrieden mit sich selbst
unzufrieden während einer Krankheit
Nervenzusammenbruch oder Ohnmacht
Nervosität
Zwangsvorstellungen, Verzweiflung
Arbeitstier
trotz Rückschlägen durchhalten
Kämpfer
heftiges Temperament aufgrund von Unausgeglichenheit
trotz Überarbeitung Müdigkeit unterdrücken
niedergeschlagen
sich weiter anstrengen
eigensinnig
anderen gerne helfen
zuverlässig
das Gegenteil von Gorse

Transformierende Eigenschaften
Durchsetzungsvermögen und Tapferkeit gegenüber Übermacht
»niemals den Mut aufgeben«
Stärke

OLIVE (Ölbaum)
Schlüsselwörter: völlige physische und mentale Erschöpfung

Repertorium
mangelnde Anstrengung (Leistung, Einsatz) aufgrund von Erschöpfung
physische und mentale Erschöpfung
Angst davor, Freunde zu verlieren
mangelndes Interesse nach Erschöpfung

kein Spaß am Leben
unglücklich
Schwäche, Schlaffheit
schnell müde, lustlos
darunter leiden, daß die (Hilfs)quellen erschöpft sind
darunter leiden, daß etwas lange gedauert hat
eigene Energie verschwenden

Eltern: Müdigkeit nach der Krankheit eines Kindes oder Spannungen in der Familie; Müdigkeit und Erschöpfung nach extremer Anstrengung; Selbstaufopferung; ständig leiden

Transformierende Eigenschaften
bei großer Anstrengung auf das eigene Ich vertrauen
Glück und Freude trotz Müdigkeit
begreifen, daß die Quelle nicht außen, sondern innen liegt
Energie konservieren
hilft dabei, Energiereserven aufzubauen

PINE (Föhre)
Schlüsselwörter: Schuldgefühle; Selbstvorwürfe; Verzweiflung

Repertorium
sich selbst die Schuld geben, sich selbst abweisen
Selbstkritik
sich selbst die Schuld geben aufgrund von Verzweiflung
Selbstvorwürfe durch Mutlosigkeit
unzufrieden mit sich selbst
Traurigkeit
Selbstvorwürfe
unglücklich

Qualen, zerrissen sein, sich geplagt fühlen
zu kritisch mit sich selbst
Schuldgefühle
entschuldigendes Verhalten
minderwertig fühlen
unterlegen
sich anstrengen; Rationalisierung von Schuld
häufig überarbeitet

Transformierende Eigenschaften
das Verstehen des menschlichen Seins; Mitleid empfinden; vergeben
tiefe Verbindung zur emotionalen Ebene
einsehen, daß man Fehler gemacht, sich geirrt hat; Reue
wissen, wie man Kräfteverlust aufgrund von Schuldgefühlen und Strafe vermeiden kann
die Gabe, die Entwicklung anderer zu fördern
Verantwortung übernehmen – eine »Stütze« sein
vorbehaltloses Urteil
sich selbst akzeptieren

RED CHESTNUT (Rote Roßkastanie)
Schlüsselwörter: übertrieben besorgt um die Sicherheit anderer; Angst und Sorge um andere

Repertorium
Schwierigkeiten für andere erwarten; den Ereignissen vorgreifen
Angst um andere
besorgt um andere
geistige (mentale) Verstopfung
keine Angst um sich selbst haben
übertrieben besorgt um die Sicherheit anderer
im voraus Probleme für andere erwarten
sich über anderer Leute Probleme Sorgen machen
sich schreckliche Dinge (Unglück, Tod usw.) vorstellen, wenn jemand nicht pünktlich ist

Eltern: packen das Kind fast bis zum Ersticken mit Pullovern, Schals, Handschuhen usw. ein; warnen das Kind ständig aufzupassen

Transformierende Eigenschaften
die Fähigkeit, durch Gedanken, Gebet und Aufmerksamkeit zu beschützen
das Gefühl des Interesses denen, die in Not sind, vermitteln können
in Zeiten der Not auf andere psychisch einwirken
sich um andere kümmern
beruhigende und helfende Gedanken aussenden können

ROCK ROSE (Sonnenröschen)
Schlüsselwörter: für Notfälle; Schrecken, Angst; Panik

Repertorium
durch Angst besorgt
Angst vor dem Tod, Todesangst
Verzweiflung aufgrund materieller und physischer Probleme
Ängste in der Nacht
Alpträume
extreme Angst
Hoffnungslosigkeit
am Leben verzweifeln
Panik
plötzlich auftretende Krankheiten
Selbstmordgedanken
manchmal gesprächig
Spannung durch Angst
Schrecken Angst
von Ängsten gequält
plötzlich auftretende Krankheit oder lebensgefährlicher Unfall
die Neigung, Menschen das Leben zu retten

Transformierende Eigenschaften
sich selbst übertreffender Mut; helfen, um sich selbst zu vergessen
sich schnell in eine Notsituation versetzen können
Kontakt mit der Erfahrung des Todes (auf astralem Niveau; durch das Unterbewußtsein)
Gefühl für die tiefen transformierenden Energien haben (der Gott Pan – die heiligen Wälder der griechischen Götter wollten dieses Gefühl hervorrufen)

ROCK WATER (Quellwasser)
Schlüsselwörter: Selbstverleugnung; streng zu sich selbst; sich selbst unterdrücken

Repertorium
feste Überzeugungen
unzufrieden mit sich selbst
enthusiastisch
Vorbilder haben und diesen nacheifern
zu kritisch mit sich selbst
festgelegte Meinungen und Vorstellungen
sehr nach Perfektion streben
idealistisch in bezug auf die eigene Person
hohe Ideale
unduldsam aufgrund von Selbstbeschränkung
Märtyrer der eigenen Ideale
Obsessionen, selbstauferlegtes Märtyrertum
übertrieben besorgt um sich selbst
sich selbst unterdrücken (Selbstbeschränkung)
mentale Starrheit
Selbstverleugnung
Spannung, Überanstrengung
streng mit sich selbst
starker Willen
unnachgiebig gegenüber sich selbst
spiritueller Stolz
Unterdrückung von Fehlern

Transformierende Eigenschaften
die Fähigkeit, die Persönlichkeit durch Ideale, innere Wahrheiten aufzubauen
das innere Ideal durch Disziplin und Opfer manifestieren können
gleichzeitig flexibel und idealistisch sein können
den Geist in Materie umsetzen können
Flexibilität und Spontaneität

SCLERANTHUS (Knäuel)

Schlüsselwörter: Unentschlossenheit; zögernd; unausgeglichen; Unsicherheit

Repertorium
einander abwechselnde Stimmungen: Lachen – Weinen, Freude – Kummer, Energie – Apathie, Optimismus – Pessimismus
plötzliche heftige (mentale) Störungen
wechselhaft
Konzentrationsmangel aufgrund von Unentschlossenheit
mangelndes (Selbst)vertrauen
schwache Überzeugungen
zögernd aufgrund von Unsicherheit
Unentschlossenheit
Instabilität, schwankend
Nervenzusammenbruch, Zusammenbruch
Mangel an Ausgeglichenheit, Anmut, Selbstbeherrschung
Dinge aufschieben
ruhig
Ruhelosigkeit (aufgrund von Unentschlossenheit)
langsam aufgrund von Unentschlossenheit
weinerlich
heftiges Temperament aufgrund von Instabilität
Unsicherheit
unzuverlässig aufgrund von Unsicherheit

Unwohlsein im Flugzeug, Auto und auf dem Schiff
Übelkeit
Unausgeglichenheit
ins Extreme fallen
»Grashüpfer«-Geist
Zeit vergeuden und Gelegenheiten verpassen
chaotisch

Transformierende Eigenschaften
offener Geist
rasche Veränderungen geben die Möglichkeit, flexibel zu sein und wachsen zu können
schnelle Entschlüsse, aus dem Stegreif
leichtfüßig, Seiltänzer
das Gleichgewicht wegen schneller Bewegung gut halten können
entschlußfähig

STAR OF BETHLEHEM (Milchstern)
Schlüsselwörter: Schock; Kummer

Repertorium
Mutlosigkeit durch Schock (z. B. bei schlechten Nachrichten)
Kummer
betäubt, gelähmt
nicht getröstet werden wollen
Traurigkeit
Schock und die Nachwirkung eines Schocks
Spannung
unglücklich
vor und nach Operationen anzuwenden
bei Unfällen anzuwenden
während des Rückfalls bei einer Therapie (und anderen Heilmethoden, die mit Traumata arbeiten)
kann angewandt werden, wenn die Krankheit auf eine Behandlung nicht gut anspricht

Babys: Geburtsschock (auch für die Mutter während und nach der Geburt)

Transformierende Eigenschaften
Kraft trotz eines Schocks
kraftvolle und schnelle Genesung
Bewegung
Genesung von Schock und Trauma
tröstet bei Kummer und lindert Schmerzen

SWEET CHESTNUT (Eßkastanie, Edelkastanie)
Schlüsselwörter: Gefühle der Hoffnungslosigkeit; starke seelische Verzweiflung; Verzweiflung

Repertorium
Schmerz, Verzweiflung
Ratlosigkeit, Hoffnungslosigkeit
Schmerz aufgrund von Mutlosigkeit
extreme Hoffnungslosigkeit
von (Seelen)angst gequält
Einsamkeit
sich im Stich gelassen fühlen
Depressionen
akutes Leiden
die dunkle Seite der Seele
intensives Gefühl der Leere; innere Dunkelheit, wenn das Licht ausgegangen ist
Verlassenheit
das Erfahren einer tiefen Einsamkeit

Transformierende Eigenschaften
mystische Reisende (im Inneren)
für viele der Beginn der spirituellen Erfahrung
die Fähigkeit, die Leere zu erfahren und gleichzeitig ganz zu sein; wirkliche Integration
Zustand der Erleuchtung, des All-ein-seins

diejenigen, die verloren waren und wiedergefunden wurden
die eigenständige Einheit in der Unermeßlichkeit des Daseins
die Dunkelheit durchleben mit dem Verständnis des universellen Plans
für manche eine Gotteserfahrung

VERVAIN (Eisenkraut)
Schlüsselwörter: übertreiben; Enthusiasmus; Streß; Anstrengung; Spannung

Repertorium
von Enthusiasmus völlig in Anspruch genommen werden
Ambitionen, andere zu bekehren
Diskussionen mögen
zu hohe oder äußerste Konzentration
feste Überzeugungen
anderer Leute Dinge erledigen
dominieren
Überanstrengung
Enthusiasmus
Erschöpfung durch Anspannung und Überanstrengung (Leistung)
Feuer, Glut, Inbrunst; schnell
Hunger nach Macht und Zuneigung
hart gegenüber anderen
idealistisch, zu enthusiastisch
hohe Ideale
impulsiv
intolerant
verblüffen (übertreiben)
durch Belehrung einmischen, eingreifen
Märtyrer einer Sache
schnell sprechen und bewegen
Nervenzusammenbruch
sich zuviel aufbürden

übertrieben darum bemüht, andere zu beeinflussen
mentale Unbeugsamkeit
Selbstvertrauen
Anstrengung, Anspannung
streng gegenüber anderen
geschwätzig
heftiges Temperament
Spannung
anderen Energie entziehen
starker Willen
sich um das Wohl anderer Sorgen machen
Übertreibung
fanatisch
Intensität
aus dem Gleichgewicht sein
den Körper mit Anstrengung bestrafen; zwingen, durchsetzen
gerne arbeiten
nervenaufreibend leben

Kinder: hohe Aktivität, niemals still; Widerstand beim Schlafengehen; Kind fühlt sich unter Druck gesetzt, nicht in der Lage, sich zu entspannen, immer auf den Beinen

Transformierende Eigenschaften
die Fähigkeit, zu *sein*; hingebungsvoll; inspiriert und inspirieren können
Energie als Arbeitskraft verstehen; guter Organisator
viel Energie haben; Dinge schaffen
mühelos entspannen, Offenheit, Mäßigkeit

VINE (Weinrebe)
Schlüsselwörter:
dominierend; ehrgeizig; herrschsüchtig; unflexibel; tatkräftiger Typ

Repertorium
Ambitionen
arrogant
herrschsüchtig
kompetent
feste Überzeugungen
andere in Krankheit usw. treiben
Anweisungen geben
anderer Leute Sachen erledigen
dominieren
festgelegte Vorstellungen und Meinungen
Machthunger
hart gegenüber anderen
zweifeln, nicht selbstbewußt zu sein
andere mundtot machen (intolerant)
stören, einmischen, dominantes Auftreten
mentale Unbeugsamkeit
Selbstvertrauen besitzen
sich selbst wichtig finden
voller Selbstvertrauen, autonom
streng, pedantisch gegenüber anderen
von sich selbst überzeugt sein
Mangel an Gefühlen der Zuneigung
heftiges Temperament
angespannt
wertvolle Menschen in Notfällen
anderen Energie entziehen
starker Willen
Führerkomplex
unflexibel, unbeugsam, verkrampft
Macht und Autorität fordern
erbarmungslos; der kleine General
manipulierend
meistens effizientes Handeln
die Dinge in die Hand nehmen
tyrannisch

Kinder: andere tyrannisieren

Transformierende Eigenschaften
der geborene Anführer
die Fähigkeit, organisieren zu können, und die Macht, delegieren zu können
die »Achse des Rades«
wissen, wie man Macht und Dienstbarkeit integriert
Autorität, die Sensibilität besitzt und andere respektiert

WALNUT (Walnuß)
Schlüsselwörter: Konventionen durchbrechen; überempfindlich gegenüber starken Einflüssen; überempfindlich gegenüber Gewohnheiten

Repertorium
sich von Ratschlägen stören lassen
bestimmte Ambitionen
Unerfülltheit aufgrund von Frustrationen
selten beeinflußt werden
manchmal von anderen getäuscht werden
alte Verbindungen, Gewohnheiten aufgeben
überempfindlich gegenüber starken Einflüssen
in manchen Situationen von anderen überredet werden
willensschwach (manchmal)
überempfindlich gegenüber der Macht der Gewohnheit

bei Veränderungen im Leben: Zähne bekommen, zur Schule gehen, neues Geschwisterchen, Pubertät, Umzug, Scheidung, neuer Arbeitsplatz, Menopause, während einer Therapie usw.

Transformierende Eigenschaften
die Fähigkeit, Gewohnheiten zu ändern und die Vergangenheit zu transformieren

Muster der Vergangenheit verstehen können
und die Bereitschaft, sich zu verändern
leicht vom Inneren selbst beeinflußt werden
die Notwendigkeit einer Veränderung erkennen
frei von einschränkenden und begrenzenden Einflüssen

WATER VIOLET (Wasserfeder)
Schlüsselwörter: zurückhaltend; stolz

Repertorium
allein sein wollen
nicht beteiligt sein wollen (Zurückhaltung)
Diskussionen vermeiden
kompetent
Gesellschaft verabscheuen
nicht zögern, selbstbewußt zu sein
intolerant
gerne allein sein (genießen)
Gleichgewicht, Anmut, Selbstbeherrschung besitzen
stolz; mißbilligend
ruhig
herablassend, geringschätzig
Selbstvertrauen besitzen
voller Selbstvertrauen sein
von sich selbst überzeugt sein
unglücklich
wertvolle Menschen in Notfällen
freundlich
leise sprechen
Abstand halten

Transformierende Eigenschaften
das Individuum; unabhängig
voller Selbstvertrauen; würdevoll
ein Beispiel der Integration und des Vertrauens für andere

Heiterkeit; die Fähigkeit, eine ruhige Umgebung zu schaffen
Anmut; Zuneigung; Objektivität
wahre Bescheidenheit
Engagement, Hilfsbereitschaft

WHITE CHESTNUT (Roßkastanie)

Schlüsselwörter: Selbstgespräche; hartnäckige Gedanken

Repertorium

Diskussionen, Gespräche mit sich selbst führen
ungewollte Gedanken
Konzentrationsmangel
mentale Verstopfung
mangelnde Aufmerksamkeit, weil man in Gedanken ist
von (plötzlich aufkommenden) Gedanken gestört werden
hartnäckige Gedanken und Gedankengänge
wegen Gedanken Sorgen machen
Verwirrung
ständig mit sich selbst reden
Schlaflosigkeit aufgrund von Gedanken
klagen
Gedanken kreisen im Kopf herum

Transformierende Eigenschaften

vollständige Nutzung der mentalen Ebene
die Fähigkeit, Gedanken zu lenken
die Fähigkeit, die mentale Ebene zu entwickeln, die Gedanken unter Kontrolle zu halten und konstruktiv zu nutzen
Ruhe und Klarheit im Geist

WILD OAT (Trespe)

Schlüsselwörter: zu viele Möglichkeiten; Unsicherheit (was man tun soll); Unzufriedenheit

Repertorium
unbestimmte Ambitionen
Unerfülltheit wegen nicht verwirklichter Ambitionen
Unsicherheit in bezug auf Ambitionen
sich treiben lassen
zu viele Möglichkeiten
die »Ich-weiß-nicht«-Menschen
viele Ideen; meistens sehr talentiert
vielseitig
Unzufriedenheit
unschlüssig, was man tun soll
kann gelangweilt sein

Transformierende Eigenschaften
Variation und Vielfalt
die Fähigkeit, viele Dinge gut zu machen; viele Berufe
erfolgreich bei Unternehmungen; gleichzeitig verschiedene Arbeiten erledigen
viele Hobbys, Interessen
die Fähigkeit, Möglichkeiten zu erkennen und diese vollständig zu entwickeln
Klarheit der Lebensrichtung
Berufung fühlen
hilft bei der Wahl einer Laufbahn

WILD ROSE (Hundsrose)
Schlüsselwörter: Apathie; Resignation

Repertorium
Mangel an Ambitionen
apathisch
sich fügen
Resignation (manchmal)
Mangel an Einsatz und Interesse aufgrund von Resignation
Erschöpfung aufgrund von Apathie

trübsinnig
tiefe Traurigkeit
nicht klagen aufgrund von Resignation
unglücklich
Müdigkeit, matt, lebensmüde
zurückziehen
vegetieren
Niederlage
aufgeben

Transformierende Eigenschaften
akzeptieren; dem inneren Leben hingeben, geschehen lassen
stille Freude und Humor im täglichen Leben
die Fähigkeit, ruhig zu leben, freudig bei der täglichen Routine
Vitalität; lebendig und interessiert
das Begreifen der Routine (nicht gelangweilt sein)

WILLOW (Weide)
Schlüsselwörter: Verbitterung; Groll

Repertorium
gerne diskutieren, argumentieren, streiten
anderen die Schuld geben
über andere klagen
Konventionen und Bräuche mögen
Verzweiflung aufgrund von Verbitterung
mit anderen unzufrieden
Unzufriedenheit aufgrund von Groll, Widerstand
verbittert
andere bemäkeln, Fehler suchen
Krankheit simulieren
mangelndes Interesse aufgrund von Verbitterung
schnell irritiert sein

Krankheit ausnutzen aufgrund von Groll
Märtyrer sein aufgrund von Groll
Groll
egozentrisch
Selbstmitleid
mißmutig
Bosheit
reizbar
negative Lebenseinstellung
haßerfüllt
Groll hegen
nicht gerne eine Verbesserung zugeben

Transformierende Eigenschaften
wissen, daß alles aus sich selbst kommt und das Äußere eine Reflexion des Inneren ist
»was wir anziehen, sind wir«
optimistisch, weil Ursache und Folge erkannt werden können und deren Wirkung auf persönliche Weise verstanden werden kann
Herr des eigenen Schicksals
Humor; relativieren, Dinge im richtigen Verhältnis sehen
Verantwortung übernehmen

15. Chakras und ihre Beziehung zu den Bach-Blütenheilmitteln

Für diejenigen, die mit den subtilsten Energien des Menschen, mit dem sogenannten Aura- und Chakrasystem, arbeiten, folgt hier eine Übersicht über die möglicherweise interessante Verbindung zwischen den Chakras und den sieben Kategorien von Dr. Bach (siehe S. 46ff.).
Der Zweck dieser Übersicht besteht darin, denjenigen einen tieferen Einblick zu verschaffen, die die Aura mit den sieben Nivos des Bewußtseins und die Verbindungen zu den sieben wichtigsten Kraftzentren wahrnehmen.
Angegeben werden: die Kategorie, die dazugehörigen Blütenheilmittel und das betreffende Chakra mit seinen Funktionen, letztere sind in diesem Rahmen nur summarisch aufgeführt.

Kategorie: 1. Für die Menschen, die *Angst* haben
Heilmittel: Rock Rose, Mimulus, Cherry Plum, Aspen, Red Chestnut
Chakra: Solar Plexus
Funktion: emotional/mental, Gefühl, Empfänglichkeit

Kategorie: 2. Für die Menschen, die unter *Unsicherheit* leiden
Heilmittel: Cerato, Scleranthus, Gentian, Gorse, Hornbeam, Wild Oat
Chakra: Kehlzentrum
Funktion: Kommunikation, Mitleid, Verständnis, Selbst-Bild

Kategorie:	3. Für die Menschen mit *mangelndem Interesse* für das Hier und Jetzt
Heilmittel:	Clematis, Honeysuckle, Wild Rose, Olive, White Chestnut, Mustard, Chestnut Bud
Chakra:	Stirnzentrum
Funktion:	tiefere Erkenntnis, Inspiration, Intuition

Kategorie:	4. *Allein sein* und fühlen
Heilmittel:	Water Violet, Impatiens, Heather
Chakra:	Kronenzentrum
Funktion:	Kosmische Verbindung, die Einheit, die Quelle, Göttlichkeit, Göttlicher Willen

Kategorie:	5. *Übertrieben empfänglich* für Einflüsse und Vorstellungen
Heilmittel:	Agrimony, Centaury, Walnut, Holly
Chakra:	Herzzentrum
Funktion:	Liebe, tiefere Gefühle, Zuneigung, Hilfsbereitschaft

Kategorie:	6. Bei *Mutlosigkeit* und *Verzweiflung*
Heilmittel:	Larch, Pine, Elm, Sweet Chestnut, Star of Bethlehem, Willow, Oak, Crab Apple
Chakra:	Basiszentrum
Funktion:	physisch/ätherisch, Stabilität, Sicherheit, Überleben, Vitalität, eigener Willen

Kategorie:	7. *Übertriebenes Besorgtsein* um das Wohl anderer
Heilmittel:	Chicory, Vervain, Vine, Beech, Rock Water

Chakra:	Sakral- oder Milzzentrum
Funktion:	emotional, Begierde, Empfindung, Aktivität, Zufriedenheit

Mit Dank an Colette Girard

16. Namensverzeichnis der Heilmittel

Diese Verzeichnisse geben in alphabetischer Reihenfolge einmal die deutschen Pflanzennamen mit den dazugehörigen englischen und lateinischen Bezeichnungen und, der originalen Verwendung bei Edward Bach entsprechend, die englischen mit den dazugehörigen deutschen und lateinischen Bezeichnungen an.

DEUTSCH	ENGLISCH	LATEINISCH
Ackersenf	Mustard	Sinapis arvensis
Apfel	Crab Apple	Malus pumila
Besenheide	Heather	Calluna vulgaris
Eiche	Oak	Quercus robur
Eisenkraut	Vervain	Verbena officinalis
Enzian	Gentian	Gentiana amarella
Espe	Aspen	Populus tremula
Eßkastanie (Edel-K.)	Sweet Chestnut	Castanea sativa
Föhre	Pine	Pinus sylvestris
Gauklerblume	Mimulus	Mimulus guttatus
Geißblatt	Honeysuckle	Lonicera caprifolium
Grasnelke	Cerato	Ceratostigma willmottiana
Hainbuche	Hornbeam	Carpinus betulus
Hundsrose	Wild Rose	Rosa canina
Kirschpflaume	Cherry Plum	Prunus cerasifera
Knäuel	Scleranthus	Scleranthus annuus
Lärche	Larch	Larix decidua
Milchstern	Star of Bethlehem	Ornithogalum umbellatum
Odermennig	Agrimony	Agrimonia eupatoria od. Agrim. odorata
Ölbaum	Olive	Olea europaea
Quellwasser	Rock Water	–
Roßkastanie	White Chestnut	Aesculus hippocastanum
Roßkastanie (Frucht)	Chestnut Bud	Aesculus hippocastanum
Rotbuche	Beech	Fagus sylvatica
Rote Roß-kastanie	Red Chestnut	Aesculus carnea
Sonnenröschen	Rock Rose	Helianthemum nummularium

DEUTSCH	ENGLISCH	LATEINISCH
Springkraut	Impatiens	Impatiens glandulifera
Stechginster	Gorse	Ulex europaeus
Stechpalme	Holly	Ilex aquifolium
Tausendgülden-kraut	Centaury	Centaurium umbellatum
Trespe	Wild Oat	Bromus ramosus
Ulme	Elm	Ulmus procera
Waldrebe	Clematis	Clematis vitalba
Walnuß	Walnut	Juglans regia
Wasserfeder	Water Violet	Hottonia palustris
Wegwarte	Chicory	Cichorium intybus
Weide	Willow	Salix vitellina
Weinrebe	Vine	Vitis vinifera

ENGLISCH	DEUTSCH	LATEINISCH
Agrimony	Odermenning	Agrimonia eupatoria od. Agrim. odorata
Aspen	Espe	Populus tremula
Beech	Rotbuche	Fagus sylvatica
Centaury	Tausendgüldenkraut	Centaurium umbellatum
Cerato	Grasnelke	Ceratostigma willmottiana
Cherry Plum	Kirschpflaume	Prunus cerasifera
Chestnut Bud	Roßkastanie (Frucht)	Aesculus hippocastanum
Chicory	Wegwarte	Cichorium intybus
Clematis	Waldrebe	Clematis vitalba
Crab Apple	Apfel	Malus pumila
Elm	Ulme	Ulmus procera
Gentian	Enzian	Gentiana amarella
Gorse	Stechginster	Ulex europaeus
Heather	Besenheide	Calluna vulgaris
Holly	Stechpalme	Ilex aquifolium
Honeysuckle	Geißblatt	Lonicera caprifolium
Hornbeam	Hainbuche	Carpinus betulus
Impatiens	Springkraut	Impatiens glandulifera
Larch	Lärche	Larix decidua
Mimulus	Gauklerblume	Mimulus guttatus
Mustard	Ackersenf	Sinapis arvensis
Oak	Eiche	Quercus robur
Olive	Ölbaum	Olea europaea
Pine	Föhre	Pinus sylvestris
Red Chestnut	Rote Roßkastanie	Aesculus carnea
Rock Rose	Sonnenröschen	Helianthemum nummularium
Rock Water	Quellwasser	–
Scleranthus	Knäuel	Scleranthus annuus
Star of Bethlehem	Milchstern	Ornithogalum umbellatum
Sweet Chestnut	Eßbare Kastanie	Castanea sativa
Vervain	Eisenkraut	Verbena officinalis
Vine	Weinrebe	Vitis vinifera
Walnut	Walnuß	Juglans regia
Water Violet	Wasserfeder	Hottonia palustris
White Chestnut	Roßkastanie	Aesculus hippocastanum
Wild Oat	Trespe	Bromus ramosus
Wild Rose	Hundsrose	Rosa canina
Willow	Weide	Salix vitellina

Literaturhinweise

Bach, Edward: *Heal Thyself.*

Ders.: *The Twelve Healers and other Remedies.*

Barnard, Julian: *A Guide to the Bach Flower Remedies.*

Chancellor, P.M.: *Handbook of the Bach Flower Remedies.*

Evans, Jane: *The Benefits of the Bach Flower Remedies.*

Scheffer, Mechthild: *Bach Blütentherapie. Theorie und Praxis.*

Dies.: *Erfahrungen mit der Bach-Blütentherapie.* Mit Diagnose-Fragebogen.

Weeks, Nora: *Medical Discoveries of Edward Bach.* (Dt.: *Edward Bach – Entdecker der Blütentherapie. Sein Leben – seine Erkenntnisse.*)

Wheeler, E. J.: *The Bach Remedy Repertory.*

The Bach Remedy News Letter.

Blütenessenzen, Adressen von Bach-Therapeuten und weitere Informationen:

The Edward Bach Centre
Mount Vernon, Sotwell
Wallingford, OXON, OX 10 OPZ
England

Dr. Edward Bach Centre
German Office
Eppendorfer Landstr. 32
D-2000 Hamburg 20
(Tel.: 040/46 10 41)

Dr. Edward Bach Centre
Swiss Office
Alte Landstr. 57
CH-8700 Küsnacht
(Tel.: 01/911 09 11)